STARK

TRAINING
METHODEN

Regina Esser-Palm

Deutsch

Grundlagen, Arbeitstechniken
und Methoden

STARK

Bildnachweis

S. 1: Aus: Colin Thompson: Für immer leben © 1996 Lappan Verlag GmbH. Oldenburg
S. 13: Picasso, Pablo: Lesende Frau, 1935 © Succession Picasso/VG Bild-Kunst, Bonn 2000
S. 25: zefa/sis: Bruno Le Sourd
S. 39: zefa/sis: Michael Sheehy
S. 71: Hans-Georg Rauch/CCC, www.c5.net
S. 81: Aus: Isabelle Müller: Mandala Träumereien © 1999 Dieter Krone Verlag, Leichlingen
S. 95: zefa/sis: Roger Blachon

Der Verlag hat sich bemüht, die Urheber der in diesem Werk abgedruckten Texte und Abbildungen ausfindig zu machen. Wo dies nicht gelungen ist, bitten wir diese, sich ggf. an den Verlag zu wenden.

Der Band wurde nach den Regeln der neuen deutschen Rechtschreibung abgefasst. Ausgenommen sind Texte von Autoren und Verlagen, die mit der Umwandlung in die neue Rechtschreibung nicht einverstanden sind.

ISBN: 3-89449-502-2

D-85318 Freising · Postfach 1852 · Tel. (08161) 1790

Inhalt

Vorwort

Liebe Schülerin, lieber Schüler,

mit Ihrem Eintritt in die Sekundarstufe II einer weiterführenden Schule haben sich die Anforderungen, die an Sie im Unterricht gestellt werden, entscheidend verändert. Zunehmend wird an Ihre **Eigenverantwortlichkeit** und **Selbstständigkeit** appelliert. Denken Sie zum Beispiel im Bereich der Mitarbeit an die Veränderung der „Holschuld" in die „Bringschuld". Das bedeutet, dass Sie sich in den Unterricht einbringen müssen, ohne von der Lehrkraft explizit dazu aufgefordert zu werden.

Oft fühlen sich Schülerinnen und Schüler auf diese neue Situation nicht ausreichend vorbereitet. Was ihnen fehlt – sei es in Deutsch oder auch in anderen Fächern – ist das **methodische Wissen**, das es ihnen ermöglicht, die gestellten Aufgaben selbstbestimmt zu übernehmen und zu bewältigen.

Vielleicht ist es Ihnen auch bereits einmal so ergangen, dass Sie sich nicht für ein **Referat** gemeldet haben, obwohl Ihnen das Thema durchaus interessant erschien und Ihre mündliche Note etwas Glanz gut gebrauchen könnte. Sie haben aber nicht so recht gewusst, wo Sie die nötigen **Informationen** hernehmen sollen. Außerdem haben Sie den **mündlichen Vortrag** vor dem Kurs gescheut – zumal der Lehrer auch noch ein **Thesenpapier** verlangte und nur eine Woche Zeit zur Vorbereitung gewährte. Haben Sie dann doch dem Tischnachbarn den Vortritt gelassen – auch wenn es Sie schon lange ärgert, dass er sich die Referate einfach nur aus dem Internet lädt?

Schauen Sie angestrengt auf das vor Ihnen liegende Blatt, wenn der Lehrer **Stundenprotokolle** verteilt, weil Sie befürchten, dass Sie dann wieder stundenlang zu Hause daran sitzen werden, wenn es Sie trifft?

Denken Sie schon mit Schrecken an die obligatorische **Facharbeit,** die bald auf Sie zukommt? Wie soll man nur so viele Seiten schreiben können?

Dieses Buch bietet Ihnen hier „Hilfe zur Selbsthilfe" (vgl. Maria Montessori: „Hilf mir, es selbst zu tun!"). Sie finden zu Beginn eines jeden Kapitels zunächst in komprimierter Form theoretische **Erläuterungen** zur jeweiligen Arbeitstechnik/Methode. Anhand eines **Beispiels** wird dann das Gesagte veranschaulicht. Anschließend werden Sie selbst aktiv! Zu jedem Kapitel gibt es **Aufgaben,** mit denen Sie das Gelernte konkret umsetzen und gründlich trainieren können.

Drei wichtige Aspekte seien vorab noch angemerkt:

- Legen Sie sich **für die Lösungen einen eigenen Ordner** oder Schnellhefter an. Dies bringt nicht nur Ordnung auf Ihren Schreibtisch, sondern vermittelt Ihnen bei zunehmendem Anwachsen des geleisteten Arbeitsbergs ein befriedigendes Erfolgsgefühl!
- Bearbeiten Sie die Kapitel möglichst **in der hier gewählten Reihenfolge.** Die Themen sind so angeordnet, dass sie den tatsächlichen Arbeitsprozess im Fach Deutsch widerspiegeln. So steht am Anfang zunächst die Recherche nach der benötigten Literatur bzw. den benötigten Informationen, dann erfolgt der eigentliche Lesevorgang, anschließend die Auswertung des Gelesenen, die in die eigene Textproduktion mit den entsprechenden Zitiertechniken mündet. Zudem sind noch die mündlichen Techniken und das kreative bzw. produktionsorientierte Schreiben berücksichtigt worden.
- Alle Beispiel- und Übungstexte stammen aus dem Fach Deutsch. So lernen Sie – ganz nebenbei – vielleicht auch noch das eine oder andere Spannende über Sprache und Literatur.

Ausführliche **Lösungsvorschläge** zu allen Aufgaben am Ende des Buches ermöglichen Ihnen eine Überprüfung des Lernfortschritts. Dabei können Sie gleich Ihre Eigenverantwortlichkeit und Selbstständigkeit unter Beweis stellen: Nicht mogeln! Schauen Sie nur im Notfall hinten nach!

Im **Literaturverzeichnis** finden Sie wichtige Werke für das Fach Deutsch und für das methodische Arbeiten, mit deren Hilfe Sie bei Bedarf einzelne Aspekte vertiefen können.

So bleibt mir nun nichts anderes mehr als zu sagen: An die Arbeit!

Regina Esser-Palm

Literaturrecherche – Informationsbeschaffung

Gebildet ist, wer weiß, wo's steht!

„Gebildet ist, wer weiß, wo's steht!" – Nie war dieser Satz zutreffender als in unserer Zeit, in der das Wissen explosionsartig zunimmt. Heute ist es dem Menschen unmöglich, alles zu wissen. Daher spielen die **Beschaffung und Auswahl von Informationen** eine entscheidende Rolle.

Mithilfe der neuen Medien kann dieser Prozess enorm beschleunigt werden: Sie können das zu interpretierende Buch bei einer Online-Buchhandlung bestellen, Sie können in den großen Bibliotheken „online" nachschlagen, welche Werke es zu einem Autor gibt, und Sie können im Internet nachsehen, welche Referate schon fix und fertig zur Verfügung stehen.

Dies sind alles bemerkenswerte und hilfreiche Entwicklungen, doch nehmen Sie Ihnen nicht alle Arbeit ab. Was nützt es Ihnen zu wissen, dass ein Buch in der Deutschen Bibliothek (Frankfurt) steht, wenn Sie in Paderborn wohnen und das Buch gar nicht ausleihen können? Was nützt Ihnen das schönste „downgeloadete" Referat, wenn Sie gar keine Ahnung vom Thema haben, also Fehler noch nicht einmal bemerken und sich unter Umständen ziemlich blamieren würden?

Also lenken Sie doch Ihre Schritte in Richtung Schul-, Stadt- oder Hochschulbibliothek Ihres Wohnortes und suchen Sie selbst, aber effektiv! Dazu finden Sie im Unterkapitel 1 hilfreiche Hinweise.

Das nächste Unterkapitel gibt Ihnen Tipps, welche Nachschlagewerke für Ihre Arbeit im Deutschunterricht sinnvoll sein könnten. Sie können sich dann durch „Nachschlagen" selbst davon überzeugen.

Da das Internet eine immer wichtigere Rolle bei der Informationssuche spielt, wird sich das Unterkapitel 3 mit diesem Komplex beschäftigen.

1 Kataloge und Bibliographien

Wie können Sie in Bibliotheken schnell und effektiv die benötigten Bücher und Informationen finden? Dazu stehen Ihnen zwei wichtige Hilfsmittel zur Verfügung: der Katalog und die Bibliographie.

Grenzen wir zunächst die Begriffe gegeneinander ab: „Im Unterschied zu einem Bibliothekskatalog ist eine Bibliographie kein Bestandsverzeichnis, sondern ein nach bestimmten Gesichtspunkten angelegtes Literaturverzeichnis, unabhängig vom Vorhandensein der Bücher in einer Bibliothek." (Hacker, Rupert: Bibliothekarisches Grundwissen. München u.a.: Saur, ^{4}1983, S. 73)

Kataloge also verzeichnen nach bestimmten Ordnungskategorien die Bücher, die in einer Bibliothek vorhanden sind. Sie spiegeln damit den Bestand der Bibliothek wider. Die meisten Bibliotheken haben neben dem alphabetischen

Katalog einen Schlagwortkatalog oder Sachkatalog, in dem Sie fündig werden können. In einem Katalog werden nur eigenständige Bücher aufgeführt, Titel von Aufsätzen aus Fachzeitschriften findet man hier nicht.

Bibliographien dagegen stellen alle Titel zu einem bestimmten Themengebiet zusammen, die innerhalb eines ausgewählten Beobachtungszeitraums erschienen sind. Eine Bibliographie führt alle Buch- und Zeitschriftentitel zu einem Thema auf. Dieses Literaturverzeichnis gibt Ihnen einen Überblick über die Literatur zu Ihrem Thema, aber es gibt Ihnen nicht an, wo Sie das Buch oder den Aufsatz ausleihen können – das müssen Sie dann im nächsten Schritt herausfinden. Im Gegensatz zu Katalogen verzeichnen Bibliographien auch Zeitschriftenaufsätze, die aufgrund kürzerer Drucklegung häufig aktueller als Monographien (Bücher) sind. Für die Germanistik sind beispielsweise folgende zwei Bibliographien wichtig:

- Bibliographie der deutschen Sprach- und Literaturwissenschaft. Hrsg. von Clemens Köttelwesch. Frankfurt / M., 1957 ff.
- Germanistik. Internationales Referatenorgan mit bibliographischen Hinweisen. Hrsg. von Barner u. a. Tübingen: Niemeyer, 1960 ff.

Früher war das Suchen in Bibliographien recht mühsam. Nehmen wir einmal an, Sie möchten wissen, was zwischen 1970 und 1980 an Literatur über Hesses *Siddhartha* erschienen ist. Sie müssen dann u. U. elf dicke Bibliographien (meist ist der Verzeichnungszeitraum ein Jahr) nach dem Stichwort „Hesse“, dann „Siddhartha“ absuchen. Die Veröffentlichung von Bibliographien auf CD-ROM vereinfacht die Suche: Sie brauchen nur noch das Stichwort einzutippen.

Entscheidend für die effektive Nutzung von Katalogen und Bibliographien ist die richtige Anwendung von Suchkriterien:

Ein **Schlagwort** ist ein Begriff, der den Inhalt eines Buches möglichst kurz und prägnant wiedergibt. So würde man beispielsweise ein Buch mit dem Titel *Die letzten Riesen der Meere* unter dem Schlagwort „Wale“ wiederfinden.

Ein **Stichwort** dagegen ist ein Begriff, der im Titel oder Untertitel des Buches enthalten sein muss. So würde man das oben genannte Buch sowohl unter dem Stichwort „Meer“ als auch unter „Riesen“ finden.

In der Regel wird es für schulische Zwecke ausreichen, wenn Sie für Ihr Thema im Katalog der Bibliothek suchen. Nur wenn Ihr Thema sehr speziell ist, kommen Sie um eine Bibliographie nicht herum.

Die meisten Bibliotheken bieten inzwischen die Möglichkeit, auf elektronischem Wege via Internet zu recherchieren und auszuleihen. **Online-Kataloge** ermöglichen eine einfache und schnelle Suche (viele Verknüpfungsmöglichkeiten und Suchbegriffe), sie verzeichnen allerdings häufig erst die ab einem bestimmten Zeitpunkt erworbenen Werke einer Bibliothek. Bei älteren Werken muss man daher oft noch auf die **Karteikarten-Kataloge** (Zettelkasten) zurückgreifen.

Eine gute Möglichkeit, noch mehr Titel zu Ihrem Thema zu finden, ist das Vorgehen nach dem **„Schneeballsystem“:** Schauen Sie in das Literaturverzeichnis eines Buches, das sich in irgendeiner Form mit Ihrem Thema beschäftigt. Der Verfasser muss nämlich dokumentieren, welche Werke er ausgewertet und zitiert hat, also alle seine Quellen angeben. Diese Literaturangaben können Sie für Ihre weitere Suche verwenden.

In **Präsenzbibliotheken** kann man die Bücher nur im Lesesaal einsehen; wichtige Seiten muss man kopieren. Vor allem Standardwerke, Lexika, Enzyklopädien, Bibliographien etc. sind in der Regel nicht ausleihbar.

Bei **Ausleihbibliotheken** können Sie die benötigten Bücher mit nach Hause nehmen. Hierfür füllen Sie einen Leihschein aus oder bestellen online zur Ausleihe. Verfügt Ihre Bibliothek nicht über ein gewünschtes Buch, können Sie es über die **Fernleihe** aus anderen Bibliotheken beschaffen lassen.

Wenn Sie sich bei der Literaturrecherche in der Bibliothek nicht zurechtfinden, fragen Sie ruhig auch einmal beim Bibliothekspersonal um Hilfe.

Beispiele

Karteikarte aus einem Zettelkasten:

Verfasser	Riha, Karl Le 417	*Signatur*
Ordnungswort	**Moritat.** Song. Bänkelsang. Zur Geschichte der modernen Ballade.	*Titel*
	Göttingen: Sachse & Pohl (1965)	*Erscheinungsort, Verlag, Erscheinungsjahr*
Umfang, Format	179 S. 8^{0}	
	Schriften zur Literatur. 7.	*Reihe*

Seite aus einem Online-Katalog (http://opac.bib.rwth-aachen.de/):

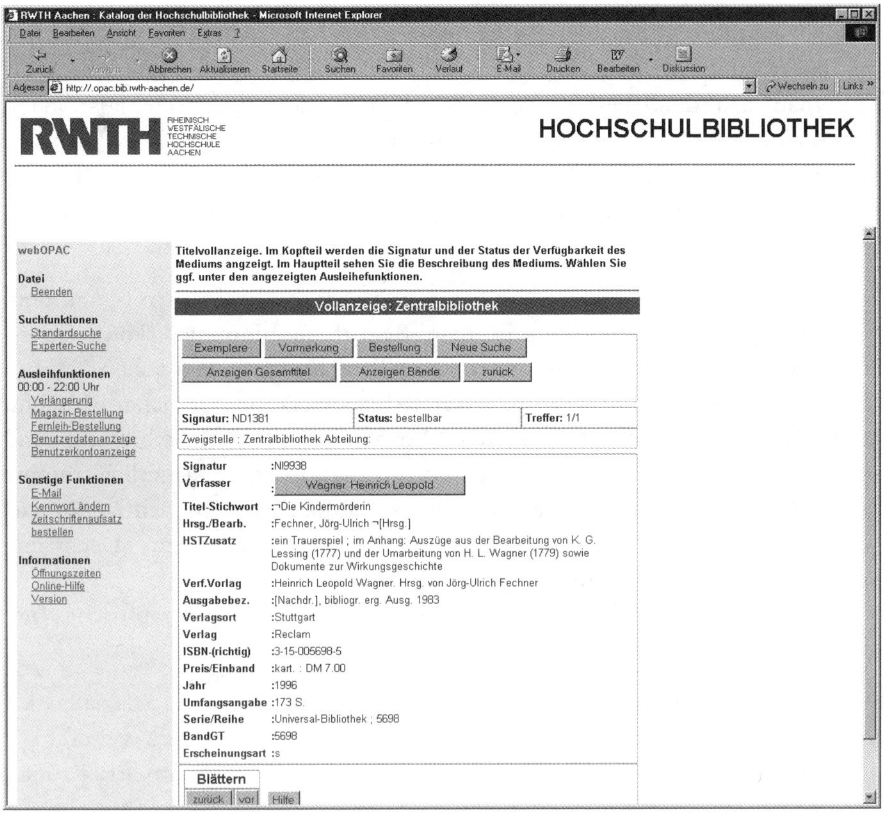

Auf den Punkt gebracht

- Der erste Schritt zur Erschließung umfangreicherer Themen ist die Literatursichtung.
- Dafür müssen Sie in Bibliothekskatalogen und/oder Bibliographien suchen.
- Überlegen Sie, nach welchen Schlag- bzw. Stichwörtern die Suche effektiv sein könnte.
- Wenn Sie bereits ein Buch zu Ihrem Thema gefunden haben, werfen Sie einen Blick in das Literaturverzeichnis. Dort finden Sie weitere Literaturhinweise. („Schneeballsystem“)

Aufgabe 1 Suchen Sie in der Buchhandlung und/oder in der Bibliothek Sekundärliteratur zum Thema *Die Geschichten von Herrn Keuner* von Bertolt Brecht.

2 Nachschlagewerke

Im Deutschunterricht werden Sie laufend mit neuen Fachtermini, neuen Autoren, neuer Literaturtheorie und neuen literarischen Epochen konfrontiert. Da kann man leicht den Überblick verlieren oder Begriffe verwechseln. Hier helfen Nachschlagewerke weiter. Der Buchmarkt hierfür ist riesig und es ist gar nicht so einfach, sich in diesem Angebot zurechtzufinden. Deshalb finden Sie hier eine Auflistung der Titel, die Sie zu Rate ziehen sollten, wenn Sie zu literarischen oder linguistischen Themen etwas nachschlagen möchten.

Nehmen wir an, Sie werden im Unterricht im Zusammenhang mit dem Schriftsteller Kurt Tucholsky mit dem Begriff „Pseudonym" konfrontiert. Tucholsky hatte mehrere, eines davon war Peter Panther. Wo sollen Sie nun suchen? Erinnert sei zunächst an ein Nachschlagewerk, das Sie sicherlich schon kennen: den **Fremdwörter-Duden.** In ihm sind auch zahlreiche literatur- und sprachwissenschaftliche Fremdwörter verzeichnet. Er reicht sicherlich für eine tief greifende Beschäftigung nicht aus, aber er kann Sie „auf die richtige Fährte" bringen. Für „Pseudonym" verzeichnet der Fremdwörter-Duden: „Deckname [eines Autors], Künstlername" (S. 646).

- Das Fremdwörterbuch vom Dudenverlag Mannheim: Bibliographisches Institut & Brockhaus, 1990.

Werden weiter reichende Informationen benötigt, greift man zu Speziallexika. Im Bereich der **Sprachwissenschaft** hilft folgendes Standardwerk weiter:

- Bußmann, Hadumod: Lexikon der Sprachwissenschaft. Stuttgart: Kröner, ^{2}1990.

Im Bereich der Literatur gibt es verschiedene nützliche Nachschlagewerke. Sucht man Informationen zu einem Autor oder zu einer Autorin, bieten sich selbstredend die **Autorenlexika** an. Für den deutschsprachigen Bereich kann man auf folgende Werke zurückgreifen:

- Heyde, Hartmut von der (Hrsg.): Lexikon Deutsch. Autoren und Werke. Freising: Stark, 2000. (speziell für Schüler der Oberstufe)
- Killy, Walther (Hrsg.): Literaturlexikon. Autoren und Werke deutscher Sprache. Gütersloh: Bertelsmann Lexikon Verlag, o. J.
- Kritisches Lexikon zur deutschsprachigen Gegenwartsliteratur. Hrsg. von Heinz Ludwig Arnold. München: Edition Text und Kritik. (fortlaufende Loseblattsammlung)
- Wilpert, Gero v.: Deutsches Dichterlexikon. Biographisch-bibliographisches Handwörterbuch zur deutschen Literaturgeschichte. Stuttgart: Kröner, 1988.

Nicht nur deutschsprachige Autoren enthält folgendes Werk:
- Wilpert, Gero von (Hrsg.): Lexikon der Weltliteratur. Band 1: Autoren. Stuttgart: Kröner, 1988.

Will man wissen, worum es in einem literarischen Werk inhaltlich geht, hilft wiederum der „Killy" oder das „Kritische Lexikon zur deutschsprachigen Gegenwartsliteratur" weiter. **Inhaltszusammenfassungen** bietet auch ein weiteres Standardwerk, das man in Fachkreisen einfach nur „den Kindler" nennt:
- Jens, Walter (Hrsg.): Kindlers Neues Literaturlexikon. München: Kindler, 1996.

Nicht nur deutschsprachige Titel enthält folgendes Werk:
- Wilpert, Gero von (Hrsg.): Lexikon der Weltliteratur. Band 2: Werke. Stuttgart: Kröner, 1993.

Braucht man einen Einblick oder Überblick zu einer bestimmten Literaturepoche, zum Beispiel dem Vormärz, liest man in einer **Literaturgeschichte** nach. Hier ist die Auswahl groß, angefangen bei tabellarisch angelegten Übersichten über komprimierte Darstellungen bis zu mehrbändigen ausführlichen Werken. In den großen Literaturgeschichten finden Sie natürlich auch Informationen über Autoren und ihre wichtigsten Bücher:
- Frenzel, Herbert A.; Frenzel, Elisabeth: Daten deutscher Dichtung. 2 Bände. München: dtv, o. J.
- Gigl, Claus J.: Abitur-Wissen Deutsche Literaturgeschichte. Freising: Stark, 1999. (speziell für Schüler der Oberstufe)
- Illustrierte Geschichte der deutschen Literatur. In sechs Bänden. Hrsg. von Anselm Salzer u. a. Köln: Naumann & Göbel. o. J.

Es kommt vor, dass man nicht mehr weiß, was eine „Anapher" oder der „innere Monolog" im Gegensatz zur „erlebten Rede" ist. In solchen Fällen schaut man in **Spezialwörterbücher:**
- Wilpert, Gero von: Sachwörterbuch der Literatur. Stuttgart: Kröner, 1979.
- Metzler-Literatur-Lexikon. Begriffe und Definitionen. Hrsg. von Günther und Irmgard Schweikle. Stuttgart: Metzler, 1992.

Beispiel

Artikel aus einem Spezialwörterbuch

Rhetorik [griech. *rhetorike (techne)* ‚Redekunst']. In der Antike war die R. politisch und ethisch fundiertes Lehrsystem wirksamer öffentlicher Rede. Das System war aufgebaut auf einem Schema der rednerischen Arbeitsphasen, von der Stoffsuche *(inventio)* über die Gliederung und sprachliche Stilisierung *(dispositio, elo-*

cutio) bis zum Vortrag *(actio)*. Diesem zugeordnet waren Theorien der Redegattungen (z. B. Gerichtsrede), der Redeteile (z. B. Beweisführung/*argumentatio*) sowie der Stilarten (schlichter, mittlerer, erhabener Stil) und der Stilqualitäten (Sprachrichtigkeit/*latinitas*, Verständlichkeit/*perspicuitas*, Angemessenheit/*aptum*, Schmuck /*ornatus*). Während die antike R. fast alle wichtigen Unterscheidungen der heutigen Stilistik und Pragmatik systematisch berücksichtigte und als frühester Entwurf einer sprachlichen Handlungstheorie gelten kann, beschränkte sich die mittelalterliche und neuzeitliche Schulrhetorik auf die *‚ornatus‘*-Lehre von den → Rhetorischen Figuren und → Tropen (sog. ‚klassische R.‘ = ‚Redeschmuck‘). Erst heute knüpft die ‚moderne R.‘ mit unterschiedlicher Zielsetzung wieder an die antike Tradition an: als sozialpsychologisch fundierte Technik der Kommunikation *(‚new rhetorics‘* in den USA: C. J. HOVLAND), als Anwendungsbereich der Verständlichkeitsforschung (‚angewandte R.‘), als Argumentationstheorie *(‚nouvelle rhétorique‘*, CH. PERELMAN), als gesellschaftspolitisches Instrument in einer demokratischen Öffentlichkeit (H. G. GADAMER, J. HABERMAS, J. KOPPERSCHMIDT). Innerhalb der Sprachwissenschaft kann die R. als Teilbereich einer pragmatisch fundierten Textlinguistik bestimmt werden, gekennzeichnet (a) durch die pragmatischen Aspekte einer bewusst auf die Wirkung gerichteten, die → Perlokution planenden Sprechhandlung und (b) durch die wechselnden textinternen Merkmale einer situativ angemessenen, argumentativen und stilistischen Struktur. ‚Rhetorisch‘ sind damit speziell alle Arten → Persuasiven Sprachgebrauchs im privaten (‚Alltagsrhetorik‘) und öffentlichen Bereich (Politik, Werbung, Gericht) sowie die dabei eingesetzten sprachlichen Mittel (...)

Aus: Bußmann, Hadumod: Lexikon der Sprachwissenschaft. Kröners Taschenausgabe, Band 452, 2. Aufl. 1990, S. 648 ff., Alfred Kröner Verlag, Stuttgart

Auf den Punkt gebracht

- Zum Nachschlagen stehen Ihnen die unterschiedlichsten Werke zur Verfügung. Sie können in Autorenlexika, Literaturgeschichten oder Spezialwörterbüchern erfolgreich suchen.

Aufgabe 2

- Sie sind bei der Bearbeitung des *Simplicissimus* von Grimmelshausen auf den Begriff „Anagramm“ gestoßen. Wo suchen Sie nach einer Begriffserklärung? Überlegen Sie mehrere Möglichkeiten und schauen Sie in der Bibliothek nach!
- Sie möchten die Biografie Franz Kafkas nachlesen. Wo werden Sie fündig?
- In welchem Werk finden Sie eine Inhaltsangabe zu dem Buch *Homo faber*?

3 Internet

Das Internet kann eine wahre **Fundgrube an Informationen** sein, wenn Sie richtig zu suchen verstehen bzw. wenn Sie gute Adressen kennen. Ich gehe davon aus, dass Sie sich im World Wide Web bewegen können und einige Adressen von Suchmaschinen zu Ihrer Verfügung haben. So sind „Fireball" oder „Altavista" gute Suchmaschinen, bei den katalogisierenden Suchmaschinen bieten sich „Lycos", „Yahoo" oder „Web.de" an. Oft genügt es schon, wenn Sie den Namen des Autors oder die Epochenbezeichnung eingeben, um zu interessanten Seiten zu gelangen. Aber beäugen Sie alles **kritisch,** was Ihnen geboten wird – gerade dann, wenn es private Homepages sind, die der User zu einem Autor „gebastelt" hat. Mehr vertrauen dürfen Sie den Seiten von Universitäten, dort können Sie sicher ein, dass die Ergebnisse wissenschaftlich fundiert sind.

Das Internet befindet sich in ständiger Veränderung, die „Verfallsquote" ist hoch. Versuchen wir trotzdem beispielhaft einige Adressen durchzugehen.

- **Primärtexte**
  Eine lohnende Anlaufstelle ist das Gutenberg-Projekt. Es bietet online Texte von Autoren, deren Urheberschutz abgelaufen ist. Die Texte sind eingescannt und können downgeloaded werden.
  http://www.gutenberg.aol.de/gutenb.htm

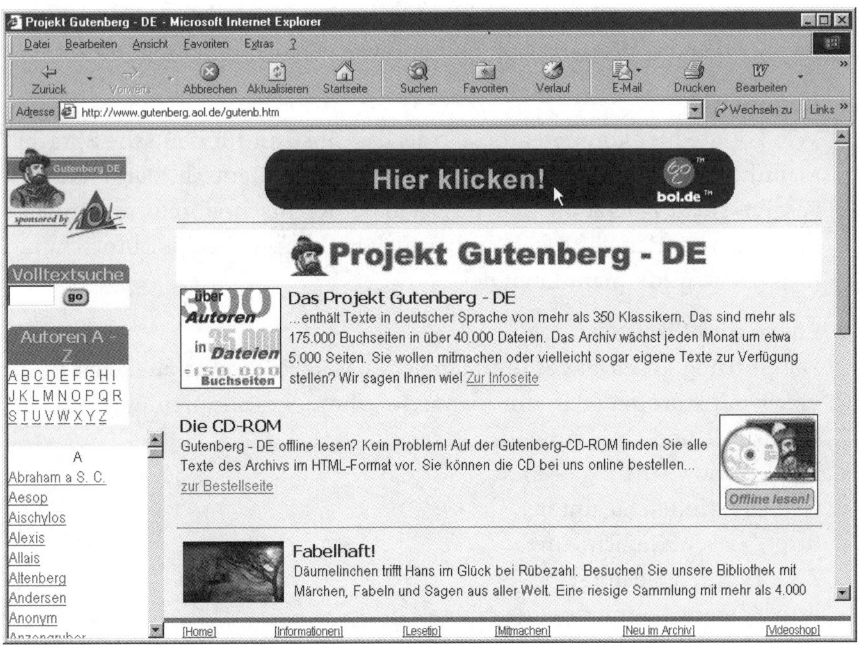

- **Sekundärliteratur**
  Hier sind oft die Universitäten gute Suchadressen. Zu manchen Autoren gibt es ausführliche Seiten, so bietet z.B. die Uni Tübingen Informationen zu Friedrich Hölderlin an:
  http://www.uni-tuebingen.de/uni/nds/hoelder/index.html
  Zum 100. Geburtstag von Brecht gab es das *Literaturprojekt Augsburg '98*, das viel Wissenswertes zu diesem Autor anbot:
  http://archiv.informatik.fh-augsburg.de/informatik/projekte/brecht/
  Es gibt noch zwei gute Adressen, die sich vor allem an Germanisten richten, wo Sie (fast) alles finden, was mit Literatur zu tun hat. Zahlreiche Links offerieren ein riesiges Angebot:
  http://www.biblint.de/literaturrecherche_inh.html
  http://polyglot.lss.wisc.edu/german/german/irfg/

- **Bibliotheken**
  Viele große Bibliotheken sind mittlerweile im Internet präsent und können online besucht werden. Allen voran die Deutsche Bibliothek in Frankfurt am Main, die den Bestand an Nationalliteratur (alle in Deutschland und über Deutschland veröffentlichten Bücher) sichert:
  http://www.ddb.de/suche/index.htm
  Sie können aber auch nach Universitätsbibliotheken suchen. Unter folgender Adresse erfahren Sie, welche Bibliotheken Sie anklicken können:
  http://web.de/Wissenschaft/Bibliotheken/Hochschulbibliotheken

- **Linguistik**
  Wer könnte hier kompetenter sein als das „Institut für deutsche Sprache" in Mannheim, das ja auch unser Standardwerk für Deutsch, den Duden, herausgibt. Nicht zuletzt die neuen Regeln der Rechtschreibreform können hier abgerufen werden. Sie erhalten aber auch Einblick in die Sprachforschung:
  http://www.ids-mannheim.de

- **Lesen und Literatur**
  Die Stiftung Lesen bietet umfangreiches Material online an, seien es Interviews mit Autoren (z.B. mit Joanne Rowling), Leseempfehlungen oder Gewinnspiele und Quiz rund ums Lesen.
  http://www.stiftunglesen.de
  Gedichte finden Sie unter
  http://www.Gedichte.de
  Zitate suchen Sie unter
  http://www.komma-net.de/zitate/

- **Bildung**
  Hier haben sich besonders die Bildungsserver der Bundesländer einen guten Namen gemacht. Der Deutsche Bildungsserver ist unter
  http://dbs.schule.de
  zu erreichen. Hier können Sie auch Neues zu Lernsoftware nachlesen.
  Auch die einzelnen Bundesländer haben eigene Server, beispielsweise
  http://www.learn-line.nrw.de (Nordrhein-Westfalen)
  http://lbs.hh.schule.de (Hamburg)
  http://www.rp.schule.de (Rheinland-Pfalz)
  http://www.sn.schule.de (Sachsen)

- **Zeitschriften**
  Bei „Paperball.de" können Sie Zeitschriftenartikel des Tages nachlesen. Viele Zeitschriften bieten online Leseproben, aktuelle News usw. an. Meist genügt Name der Zeitschrift plus „de"-Zusatz (z. B. http://www.Zeit.de).

- **Verlage**
  Gerade die Verlage, die sich mit Schule und Bildung beschäftigen, offerieren eigene Homepages, auf denen man sich nicht nur über neue Verlagstitel informieren, sondern auch Lerntipps, Rätsel und schulrelevante Informationen nachlesen kann (z. B. http://www.stark-verlag.de).

- **Buchbestellungen**
  Wenn Ihnen die nächste Buchhandlung zu weit ist und Sie dringend ein Buch brauchen, können Sie dies bei einer der großen Online-Buchhandlungen bestellen. Zumeist wird versandfrei geliefert. Am besten vergleichen Sie vorher die Lieferbedingungen.

Auf den Punkt gebracht

- Das Internet bietet eine riesige Flut an Informationen. Wichtig ist, dass man über Adressen von Suchmaschinen verfügt. Wie bei der Bibliotheksrecherche sollte man sich vorher die Suchbegriffe (Schlagwort/Stichwort) überlegen.
- Werten Sie das Informationsangebot kritisch aus: Wer hat was wann und wo veröffentlicht?
- Die meisten Institutionen, die sich mit Literatur und Sprache beschäftigen, sind im Internet präsent. Ihre Seiten bieten oft interessante Informationen.

Aufgabe 3 Suchen Sie im Internet nach Informationen zum Schriftsteller Martin Walser!

Lesetechniken

Wer zu lesen versteht, besitzt den Schlüssel zu großen Taten, zu ungeträumten Möglichkeiten, zu einem berauschend schönen, sinnerfüllten und glücklichen Leben. (Aldous Huxley)

„Lesen ist gelenktes Schaffen." – Dieses bekannte Zitat von Jean-Paul Sartre deutet bereits an, dass Lesen mehr ist als nur die Entschlüsselung von Zeichen: Der Rezipient erschafft beim Lesen – hier vor allem bezogen auf den fiktionalen Text – das Beschriebene und Erzählte neu, er fügt den Gedanken des Textes seine eigenen hinzu, er ist maßgeblich an der Sinnkonstitution beteiligt.

An einem Beispiel sei dies verdeutlicht: Wenn man ein Buch gelesen hat und anschließend die Verfilmung betrachtet, ist man oft enttäuscht: Man hatte sich die Personen, die Schauplätze usw. ganz anders vorgestellt – die Bilder, die im Kopf entstanden sind, stimmten nicht mit denen des Regisseurs überein.

Auch die Lektüre nicht-fiktionaler Texte sollte nicht vernachlässigt werden, besonders vor dem Hintergrund, dass wir einen Großteil unseres Wissens lesend aufnehmen.

Gerade die Leseforschung in den Fremdsprachen hat aufgezeigt, wie wichtig es für das Verständnis eines Textes ist, sein Vorwissen zum Thema zu aktivieren, Informationen wie z. B. Klappentext, Biografie des Autors etc. zu nutzen. In der Fremdsprache ist man sich meist eher der Schwierigkeiten bewusst, die eine Textlektüre mit sich bringt. In der Muttersprache dagegen neigt man dazu, den Text einfach so „herunterzulesen". Die Lektüre eines Gedichts, einer Novelle als Hausaufgabe – schnell erledigt, sagen sich manche Schüler. Dabei könnten hier bereits wichtige Punkte für den anschließenden Analyseprozess gesammelt werden und somit dieser effektiver gestaltet werden. Auch für den muttersprachlichen Leseprozess können hier Gewinn bringend Lesetechniken genutzt werden. Überspringen Sie dieses Kapitel nicht, weil sie denken, „Lesen kann ich ja schließlich". Auch hier kommt es auf die richtige Methode an!

In diesem Kapitel lernen Sie, wie man bereits vor dem eigentlichen Lesen strategisch sinnvoll vorgehen kann, dass man – je nach anschließender Aufgabe – variieren kann, in welcher Tiefe ein Text gelesen wird, und wie man einen Text „richtig" liest.

1 Das „Lesen vor dem Lesen"

Diese Überschrift mag Sie überraschen. Eigentlich ist man gewohnt, ist der Text erst ausgeteilt, direkt mit der Lektüre zu beginnen. Dies ist im Grunde auch nicht falsch. Sie können aber bereits vor dem Beginn der Lektüre systematisch vorgehen, damit das anschließende Lesen möglichst effektiv wird.

Stellen Sie sich folgende Situation vor: Sie sind in einem Buchladen und möchten ein Buch kaufen: Nach welchen Kriterien entscheiden Sie sich? Manchmal gefällt einem das Cover so gut, dass man sich zum Kauf entschließt –

Enttäuschungen sind hier nicht ausgeschlossen. Oft wählt man aber ein Buch eines Autors aus, den man schon kennt, d.h. das Vorwissen, dass der Verfasser bereits gute Bücher geschrieben hat, steuert die Kaufentscheidung. Eine weitere Möglichkeit ist, die Informationen zu nutzen, die das Buch im sog. Klappentext bietet: über den Inhalt, den Autor, die Entstehungszeit, den historischen Kontext, die Literaturpreise, die es erhalten hat, etc. Sie informieren sich also im Vorfeld der Kaufentscheidung, um einen Fehlkauf zu vermeiden. Diese Strategien lassen sich auf die **Vorbereitung der Lektüre** übertragen:

- Informieren Sie sich über den **Verfasser** des Textes! Hier können Sie ein Autorenlexikon zu Rate ziehen, aber auch ein Konversationslexikon leistet gute Dienste. Die Informationen, die Sie über den Verfasser einziehen, helfen Ihnen, die im Text vertretenen Positionen oder Gedanken besser einzuordnen und erleichtern die anschließende Analyse oder Interpretation. Wenn Sie beispielsweise einen Text von Heinrich Böll vorbereiten, kann es hilfreich sein zu wissen, wann Böll gelebt, welche Positionen er vertreten hat, welches seine Intention beim Schreiben war usw.

- Lesen Sie sorgfältig die **Überschrift!** Dies mag banal klingen, Erfahrungen aus der Praxis zeigen aber, dass ein Großteil der Schüler den Titel gar nicht wahrgenommen hat und damit die erste Fährte für die Textinterpretation übersehen hat. Die Überschrift gibt Ihnen meist erste Hinweise, um was es in dem Text überhaupt geht. Informieren Sie sich gegebenenfalls über das Thema, die Problemstellung und unbekannte Begriffe, die in der Überschrift enthalten sind. Wenn Sie beispielsweise Bölls *Anekdote zur Senkung der Arbeitsmoral* lesen sollen, wäre es nicht schlecht zu wissen, was denn eine Anekdote überhaupt ist.

- Aktivieren Sie Ihr eigenes **Vorwissen** zum Thema! Dies hilft Ihnen, sich auf einen Text einzustimmen und einzulassen. Außerdem besitzen Sie vielleicht bereits Informationen zum Themenbereich, die aber erst wieder abgerufen werden müssen. Nach der Lektüre sind Sie durch den Text so gelenkt, dass Ihnen nicht mehr so spontan zentrale Begriffe einfallen, die Sie in der späteren Analyse Gewinn bringend einsetzen können. Bewährte Techniken sind hier das **„Brainstorming“** und das **„Mindmapping“**. Sie schreiben den zentralen Begriff in die Mitte eines leeren Blattes und ordnen um ihn herum die Begriffe an, die Ihnen in diesem Zusammenhang einfallen (Brainstorming). Wenn Sie die assoziierten Begriffe in eine Struktur bringen, spricht man vom „Mindmapping“. Bleiben wir bei Bölls Anekdote. Wir erstellen vorbereitend ein Brainstorming zum Begriff „Arbeitsmoral“.

Beispiel

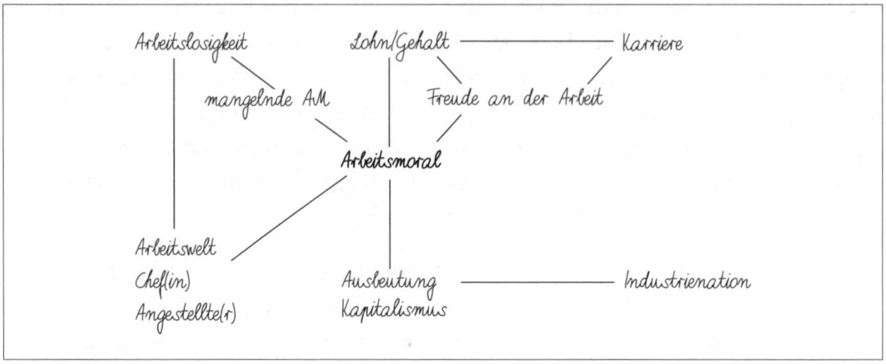

(Sollten Sie inzwischen neugierig auf den Böll-Text geworden sein, dann gedulden Sie sich. Wenn Sie sich bis zu S. 31 vorgearbeitet haben, stoßen Sie auf diese Kurzgeschichte.)

Eine Bemerkung sollte nicht vergessen werden: Es ist in manchen Fällen vielleicht besser, unvorbereitet auf einen Text zuzugehen und seine Wirkung sich spontan entfalten zu lassen. Dazu finden Sie mehr im Kapitel „Kreatives und produktionsorientiertes Schreiben“ (S. 95 ff.).

Auf den Punkt gebracht

Bevor Sie mit dem Lesen eines Textes beginnen, bereiten Sie die Lektüre systematisch vor:

- Sie informieren sich über den Autor und/oder das Thema (Überschrift).
- Sie aktivieren Ihr eigenes Vorwissen zum Gegenstand, zum Beispiel in Form eines Mindmaps oder eines Brainstormings.
- Nach der Lektüre des Textes setzen Sie Ihre Vorarbeiten zum Text in Beziehung.

Aufgabe 4 Bereiten Sie den Text von Arthur Schopenhauer vor. Halten Sie sich dabei an diese Reihenfolge:

- Sie schlagen in einem Lexikon nach, wer Arthur Schopenhauer ist.
- Sie erstellen ein Brainstorming zum Thema „Lesen–Bücher“.
- Sie lesen nun sorgfältig den Text.
- Sie überlegen dann, welchen Nutzen Ihre Vorarbeiten bezüglich des Verständnisses des Textes hatten.

Arthur Schopenhauer: Über Lesen und Bücher (1851)

Wann wir lesen, denkt ein anderer für uns: wir wiederholen bloß seinen mentalen Prozeß. Es ist damit, wie wenn beim Schreibenlernen der Schüler die vom Lehrer mit Bleistift geschriebenen Züge mit der Feder nachzieht. Demnach ist beim Lesen die Arbeit des Denkens uns zum größten Teile abgenommen. Daher die fühlbare Erleichterung, wenn wir von der Beschäftigung mit unsern eigenen Gedanken zum Lesen übergehn. Aber während des Lesens ist unser Kopf doch eigentlich nur der Tummelplatz fremder Gedanken. Wenn nun diese endlich abziehn, was bleibt? Daher kommt es, daß, wer sehr viel und fast den ganzen Tag liest, dazwischen aber sich in gedankenlosem Zeitvertreibe erholt, die Fähigkeit, selbst zu denken, allmälig verliert – wie einer, der immer reitet, zuletzt das Gehn verlernt. Solches aber ist der Fall sehr vieler Gelehrten: sie haben sich dumm gelesen. Denn beständiges, in jedem freien Augenblicke sogleich wieder aufgenommenes Lesen ist noch geisteslähmender als beständige Handarbeit, da man bei dieser doch den eigenen Gedanken nachhängen kann. Aber wie eine Springfeder durch den anhaltenden Druck eines fremden Körpers ihre Elastizität endlich einbüßt, so der Geist die seine durch fortwährendes Aufdringen fremder Gedanken. Und wie man durch zu viele Nahrung den Magen verdirbt und dadurch dem ganzen Leibe schadet; so kann man auch durch zu viele Geistesnahrung den Geist überfüllen und ersticken. Denn je mehr man liest, desto weniger Spuren läßt das Gelesene im Geiste zurück: er wird wie eine Tafel, auf der vieles übereinander geschrieben ist. Daher kommt es nicht zur Rumination: aber durch diese allein eignet man sich das Gelesene an, wie die Speisen nicht durch das Essen, sondern durch die Verdauung uns ernähren. Liest man hingegen immerfort, ohne späterhin weiter daran zu denken; so faßt es nicht Wurzel und geht meistens verloren. Überhaupt aber geht es mit der geistigen Nahrung nicht anders als mit der leiblichen: kaum der fünfzigste Teil von dem, was man zu sich nimmt, wird assimiliert: das übrige geht durch Evaporation, Respiration oder sonst ab.

Zu diesem allen kommt, daß zu Papier gebrachte Gedanken überhaupt nichts weiter sind als die Spur eines Fußgängers im Sande: man sieht wohl den Weg, welchen er genommen hat; aber um zu wissen, was er auf dem Wege gesehn, muß man seine eigenen Augen gebrauchen.

Aus: A. Schopenhauer: Parerga und Paralipomena. Kleine philosophische Schriften II. In: Sämtliche Werke, Bd. 5. Textkritisch bearbeitet und herausgegeben v. Wolfgang Frhr. v. Löhneysen. Stuttgart: Cotta; Frankfurt/M.: Insel, 1965, S. 651 f.

Erläuterungen

Z. 2 mental: gedanklich, geistig
Z. 18 allmälig: allmählich
Z. 40 Rumination, die: reifliche Überlegung
Z. 51 assimilieren: anpassen, angleichen
Z. 51 Evaporation, die: Ausdünstung
Z. 52 Respiration, die: Atmung

2 Kursorisches und statarisches Lesen

Nicht jeder Text muss mit der gleichen Intensität gelesen werden. In einigen Fällen genügt es, den Text zu „überfliegen“ oder „diagonal“ zu lesen, in anderen wiederum ist es ausgesprochen wichtig, den Text äußerst gründlich durchzuarbeiten.

Das schnelle, oberflächliche Lesen bezeichnet man als **kursorisches Lesen.** Hier kommt es darauf an,

- sich eine größere Textmenge anzueignen oder
- sich einen Überblick über einen Text zu verschaffen oder
- zu entscheiden, ob der Text einer gründlicheren Lektüre wert ist, oder
- den wichtigen Teil des Textes herauszufiltern.

Das intensive, minutiöse Lesen dagegen nennt man **statarisches Lesen.** Hier ist die Zielsetzung eine andere: Der Text soll bis ins letzte Detail genau erfasst werden. Dieses Verfahren bietet sich an, wenn man

- einen Text analysiert oder interpretiert oder
- einen Text bearbeitet, der hinsichtlich seiner dichterischen Gestaltung sehr komplex, sehr „dicht“ ist, oder
- ein Dokument liest, das mit Informationen nur so gespickt ist, oder
- einen Text bearbeitet, der sehr schwierig zu verstehen ist.

Gerade beim Schnelldurchgang sollte man auf alle Hilfen achten, die der Text dem Leser bietet: Überschrift, Zwischenüberschriften, fett- oder kursiv gedruckte Wörter oder Textpassagen und Abschnitte im Druckbild.

Der geübte Leser unterscheidet **je nach Verwendungssituation bzw. Aufgabenstellung,** welche Lesart er anwenden muss. Bevor man also die Lektüre beginnt, muss man bereits wissen, wozu man den Text braucht. Leider neigen Schüler – aus Arbeitsökonomie – zum kursorischen Lesen und „überlesen“ dadurch Wichtiges. Es ist aber auch nicht auszuschließen, dass ein Text erst kursorisch und später dann noch einmal statarisch gelesen wird, weil der erste Lesedurchgang gezeigt hat, dass in dem Text mehr steckt, als man anfangs gedacht hat.

Literatur, die Sie sich zu Hause als privater Leser vornehmen, können und sollen Sie nach ihrer eigenen „Lesart“ bewältigen. Literatur dagegen, über die im Unterricht gesprochen wird oder die Prüfungsgegenstand ist, muss immer statarisch gelesen werden. Erst ein sorgfältiger „Lesedurchgang“ eröffnet Ihnen den Weg zu einer guten Interpretation oder Analyse.

Beispiel

Bertolt Brecht: Vaterlandsliebe, der Haß gegen Vaterländer

Herr K. hielt es nicht für nötig, in einem bestimmten Lande zu leben. Er sagte: „Ich kann überall hungern." Eines Tages aber ging er durch eine Stadt, die vom Feind des Landes besetzt war, in dem er lebte. Da kam ihm entgegen ein Offizier dieses Feindes und zwang ihn, vom Bürgersteig herunterzugehen. Herr K. ging herunter und nahm an sich wahr, daß er gegen diesen Mann empört war, und zwar nicht nur gegen diesen Mann, sondern besonders gegen das Land, dem der Mann angehörte, also daß er wünschte, es möchte vom Erdboden vertilgt werden. „Wodurch", fragte Herr K., „bin ich für diese Minute ein Nationalist geworden? Dadurch, daß ich einem Nationalisten begegnete. Aber darum muß man die Dummheit ja ausrotten, weil sie dumm macht, die ihr begegnen."

Ausgangssituation: Herr K. ist kein Nationalist

Besonderes Erlebnis: Begegnung mit Feind; Herr K. wird Nationalist

Frage nach den Ursachen des Wandels

Erklärung

Aus: B. Brecht: Geschichten vom Herrn Keuner. Frankfurt am Main: Suhrkamp, [21]1997, S. 15

Wenn man sich diesen Text durchliest, ist man zunächst ein wenig verwirrt. Man muss ihn nochmals gründlich lesen, um zu verstehen, was Brecht aussagen will. So ergeht es dem Leser mit vielen der *Keuner*-Geschichten von Brecht.

Im folgenden Kapitel „Mit-dem-Bleistift-Lesen" wird Ihnen erläutert, wie man einen Text gründlich, ja sozusagen aktiv liest. In der Arbeitsaufgabe dieses Kapitels werden Sie deshalb mit einem Auftrag konfrontiert, der (zunächst) kursorisches Lesen erfordert.

Auf den Punkt gebracht

- Bevor Sie die Lektüre eines Textes beginnen, überlegen Sie, zu welchem Sinn und Zweck Sie diesen lesen.
- Müssen Sie den Inhalt gründlich kennen oder gar analysieren, bietet sich ein gründliches Studieren des Textes an. Reicht es, den Text in groben Zügen wahrzunehmen, so reicht ein kursorisches Lesen.

Aufgabe 5 Sie haben vom Deutschlehrer den Auftrag erhalten, sich zum Thema „Lesen" zu informieren. Sie wählen als Quelle einen Lexikonartikel. Lesen Sie diesen kursorisch durch. Entscheiden Sie dann, welcher Teil für den Deutschunterricht wichtig sein könnte. Diesen lesen Sie dann nochmals statarisch durch.

3 Das „Mit-dem-Bleistift-Lesen“

Anhand eines Bildes sei zunächst erklärt, warum das **aktive Lesen,** das „Mit-dem-Bleistift-Lesen“ so wichtig ist: Die Buchstaben fallen beim Lesen wie durch ein Sieb. Viele Schüler klagen, dass von dem gelesenen Text nichts hängen geblieben ist. Sie schwören Stein und Bein, den Text gelesen zu haben, erinnern sich aber nicht an Details, finden wichtige Textstellen nicht wieder und können sich nicht im Text bewegen. Als Lehrkraft ist man schnell geneigt zu glauben, der Schüler habe schlicht und ergreifend den Text nicht gelesen. In Wirklichkeit aber haben sie ihn oft einfach nur falsch gelesen. Wenn sie den Text aktiv vorbereitet hätten, so wären zumindest Teile des Textes durch die **Markierungen, Randbemerkungen, Unterstreichungen usw.** im Sieb haften geblieben, um nochmals auf das Bild zurückzukommen.

Es gibt auch durchaus **lernpsychologische Gründe,** die dafür sprechen, sich aktiv mit einem Text auseinander zu setzen. Als ein „Vater“ der Lernpsychologie gilt Frederic Vester, der in seinem Buch *Denken–Lernen–Vergessen* aufzeigt, dass es ganz unterschiedliche Lerntypen gibt: der visuelle Lerntyp, der am besten durch das Sehen lernt, der auditive, der durch das Hören lernt, der haptische, der durch das Anfassen lernt usw. Meistens treten aber Kombinationen auf, deshalb wird heutzutage so gern vom **Lernen mit allen Sinnen** gesprochen. Die Erfahrung zeigt, dass so bessere Lernerfolge erzielt werden.

Natürlich kann man beim Lesen nicht alle Sinne benutzen, hier ist vor allem der visuelle Sinn gefragt. Aber durch **aktives Tun beim Lesen** schärfen wir die Textwahrnehmung. Und wir leisten nebenbei auch schon eine Vorstrukturierung der Textarbeit, indem wir Wichtiges, Unverständliches, Auffälliges usw. bereits markieren.

Was ist nun aktives oder „mit dem Bleistift“ Lesen? Sie brauchen zunächst **„Handwerkszeug“:** verschieden farbige Stifte, Textmarker und Lineal sowie ein Fremdwörter- und ein Konversationslexikon.

Erinnern Sie sich an den Schopenhauer-Text (S. 17)? Dort sollten Sie sich bereits vor dem Lektürebeginn über den Autor informieren, um sich Vorwissen anzueignen. Genauso müssen Sie, wenn **unbekannte Wörter oder Namen** im laufenden Text auffallen, diese **nachschlagen**. Beim Schopenhauer-Text fanden Sie die Erläuterungen am Ende (leider lesen manche noch nicht einmal die Erläuterungen!). Von Schülern der Oberstufe wird aber zunehmend erwartet, dass sie sich unbekannte Wörter oder Namen selbst erschließen. Wenn Sie einen fremdsprachigen Text lesen, schlagen Sie ja schließlich auch die wichtigsten unbekannten Vokabeln nach!

Mit Nachschlagen allein ist es aber nicht getan. Beim Lesen **unterstreichen** Sie:

- **Schlüsselwörter/Schlüsseltextstellen.** Sie sind zentral für das Textverständnis, in der Problemstellung des Textes nehmen sie die entscheidende Rolle ein. In einer Kurzgeschichte etwa, die die Sehnsucht eines Menschen nach Freiheit und Flucht thematisiert, könnte „Insel" so ein Schlüsselwort sein.
- **sprachlich auffällige Wörter/Textstellen.** Auffällig kann die Wiederholung von Wörtern oder Wortgruppen sein, die parallele Anordnung von Wortgruppen oder ganzen Sätzen usw. – also die ganze Palette der rhetorischen Mittel, die Sie ja sicherlich kennen. Am besten notieren Sie direkt an den Rand, ob es sich um eine Anapher, einen Parallelismus oder eine Tautologie usw. handelt.
- **unverständliche Wörter/Textstellen.** Dazu können z.B. Fremdwörter oder Eigennamen gehören, u.U. auch ganze Sätze oder Textpassagen.
- **strukturschaffende Wörter/Textstellen.** Sie sind besonders wichtig, wenn man den Aufbau eines Textes untersucht. Dies können einfache Konjunktionen sein, so leitet ein „Aber" oder ein „Doch" häufig einen neuen, vielleicht sogar konträren Gedankengang ein. In literarischen Texten kann beispielsweise auch ein Perspektivenwechsel, ein Tempuswechsel o.Ä. Hinweise auf die Textstruktur geben.
- **Wörter/Textstellen, die Ihnen besonders gut bzw. überhaupt nicht gefallen.** Was soll das Geschmacksurteil des Lesers bringen? Ganz einfach: Sie lesen den Text und setzen sich mit ihm auseinander! Ihr persönlicher Zugang ist wichtig für die Auseinandersetzung mit dem Text. Gerade bei der Bearbeitung literarischer Texte ist Ihre individuelle Textwahrnehmung ein entscheidender Schritt in der Interpretation. Sie können von Stellen ausgehen, die Ihnen ge- oder missfallen haben, um zum Textverständnis zu gelangen – vielleicht ändern Sie nach der Reflexion auch Ihre Meinung.

Generell kann man natürlich an fiktionale und nicht-fiktionale Texte unterschiedlich herangehen. Für beide gilt ohne Einschränkung das aktive Lesen. Doch ist es durchaus sinnvoll, dass beim literarischen Text ein „passiver" Lesevorgang vorangeht, bei dem man den Text zunächst nur einmal auf sich wirken lässt. Dies gilt vor allem für den „dichtesten" literarischen Text, das Gedicht. Genießen Sie die Literatur, bevor Sie untersuchen, was den Text so außergewöhnlich macht, bevor Sie also seinem Wirkungsgeheimnis auf die Schliche kommen. Deshalb bezieht sich die Aufgabe am Kapitelende hier ausnahmsweise auf zwei Texte, einen nicht-fiktionalen Text und ein Gedicht.

Wir sind aber noch nicht ganz fertig mit der Beschreibung des aktiven Lesens: Sie schlagen Unbekanntes nach und Sie unterstreichen wichtige Wörter und Textstellen – so weit waren wir bereits. Nun sollten Sie auch selbst schreiben, d.h. **Notizen an den Rand anbringen**, Absätze festlegen und mit Stichwörtern definieren, wichtige Gedanken aufschreiben, Fragen an den Text stellen (und vielleicht sogar direkt selbst Antworten finden), sprachliche Mittel benennen und ihre Funktion aufzeigen und eigene Gefühle zum Text festhalten.

Alles das wird Ihnen sehr helfen, wenn beispielsweise am nächsten Tag in der Schule der Text gemeinsam besprochen wird. Sie (und Ihr Lehrer) werden erstaunt sein, wie viel vom Text hängen geblieben ist! Achten Sie allerdings darauf, dass Sie nicht in ausgeliehene Bücher schreiben dürfen (vorher kopieren!).

Beispiel

Heinrich Heine: Die schlesischen Weber

Im düstern Auge keine Träne,	Stimmung: düster, bedrohlich		
Sie sitzen am Webstuhl und fletschen die Zähne:	Perspektivenwechsel		
Deutschland, wir weben dein Leichentuch,	Personifikation		Rahmen: Beschreibung der Weber
Wir weben hinein den dreifachen Fluch –	Verknüpfung Rahmen-Binnenteil		
Wir weben, wir weben!	Refrain: „Drohung"		
Ein Fluch dem Gotte, zu dem wir gebeten		Binnenteil: Drei Flüche: Gott, König, Vaterland	
In Winterskälte und Hungersnöten;			
Wir haben vergebens gehofft und geharrt,	Aufzählung		
Er hat uns geäfft und gefoppt und genarrt –			
Wir weben, wir weben!			
Ein Fluch dem König, dem König der Reichen,	Apposition		
Den unser Elend nicht konnte erweichen,			
Der den letzten Groschen von uns erpreßt			
Und uns wie Hunde erschießen läßt –	Vergleich		
Wir weben, wir weben!			
Ein Fluch dem falschen Vaterlande,			
Wo nur gedeihen Schmach und Schande,	Alliteration		
Wo jede Blume früh geknickt,	Metapher		
Wo Fäulnis und Moder den Wurm erquickt –			
Wir weben, wir weben!			
Das Schiffchen fliegt, der Webstuhl kracht,			
Wir weben emsig Tag und Nacht –			
Altdeutschland, wir weben dein Leichentuch,			
Wir weben hinein den dreifachen Fluch,	Wiederholung		
Wir weben, wir weben!			

Aus: Vormärz. Hrsg. von Florian Vaßen. Stuttgart: Reclam, 1993, S. 139f. (Die deutsche Literatur in Text und Darstellung)

Auf den Punkt gebracht

- Unter aktivem Lesen ist zu verstehen, dass bereits bei der Lektüre intensiv auf den Text reagiert wird. Dies geschieht, indem Sie Unbekanntes nachschlagen, Wichtiges markieren und Randnotizen vermerken.

Aufgabe 6 Lesen Sie die beiden folgenden Texte „mit dem Bleistift"!

Christa Wolf: Tabula rasa (1972) (Auszug)

Leisten wir uns ein Gedankenexperiment. Eine Kraft, nicht näher zu bezeichnen, lösche durch Zauberschlag jede Spur aus, die sich durch Lesen von Prosabüchern in meinem Kopf eingegraben hat. Was würde mir fehlen? Die Antwort ist nicht nur mörderisch; sie ist auch unmöglich. Wenn einer sie geben könnte, wüsste man Genaueres über die Wirkungen von Literatur.

Beginne ich in mir abzutöten: das makellose, unschuldig leidende Schneewittchen und die böse Stiefmutter, die am Ende in den glühenden Pantoffeln tanzt, so vernichte ich ein Ur-Muster, die lebenswichtige Grundüberzeugung vom unvermeidlichen Sieg des Guten über das Böse. Ich kenne auch keine Sagen, habe mir nie gewünscht, an der Seite des hürnenen Siegfried dem Drachen gegenüberzutreten; niemals bin ich vor einem Rauschen im finsteren Wald erschrocken: Rübezahl! Die Tierfabeln habe ich nie gelesen, ich verstehe nicht, was da heißen soll: „listig, wie ein Fuchs", „mutig wie ein Löwe". Eulenspiegel kenne ich nicht, habe nicht gelacht über die Listen der Schwachen, mit denen sie die Mächtigen besiegen. Die Sieben Schwaben, die Schildbürger, Don Quijote, Gulliver, die Schöne Magelone – hinweg mit ihnen. Weg mit dem ohnmächtig donnernden Zeus und der Weltesche Yggdrasil, weg mit Adam und Eva und dem Paradies. Nie ist eine Stadt mit Namen Troja um einer Frau willen bestürmt und eingenommen worden. Nie hat ein Doktor Faustus mit dem Teufel um seine Seele gerungen. Arm, ausgeplündert, entblößt und ungefeit trete ich in mein zehntes Jahr. Brennende Tränen sind ungeweint geblieben; der Hexe im Märchenbuch wurden nicht die Augen ausgekratzt; die jubelnde Erleichterung über die Rettung eines Helden habe ich nicht kennen gelernt; nie bin ich zu den fantastischen Träumen angeregt worden, die ich mir im Dunkeln erzähle. Ich weiß nicht, dass Völker verschieden sind und doch einander ähnlich. Meine Moral ist nicht entwickelt, ich leide an geistiger Auszehrung, feilen fällt mir schwer. Schön und hässlich, gut und böse sind schwankende, unsichere Begriffe. Es steht schlecht um mich. Wie soll ich ahnen, dass die Welt, in der ich lebe, dicht, bunt, üppig, von den merkwürdigsten Figuren bevölkert ist? Dass sie voller Abenteuer steckt, die ausgerechnet auf mich gewartet haben? [...] Die verpassten Erschütterungen sind nicht nachholbar. Eine Welt, die nicht zur rechten Zeit verzaubert und dunkel war, wird, wenn das Wissen wächst, nicht klar, sondern dürr. [...]

Tabula rasa. Ich bin am Ende. Mit den Wurzeln ausgerissen, ausgelöscht in mir eines der großen Abenteuer, die wir haben können: vergleichend, prüfend, sich abgrenzend, allmählich sich selbst sehen lernen. Sich messen an den deutlichsten Gestalten aller Zeiten. Nichts davon. Verblasst das Zeitgefühl, da es nicht wirklich geweckt wurde. Die eigenen Konturen, anstatt deutlicher zu werden, lösen sich auf; das Bewusstsein, anstatt sich zu klären, verschwimmt. Die Verwilderung wird zunehmen. Denn nun muss man weitergehen. Die feineren, schwer beweisbaren Wirkungen gilt es auszutilgen, die dauernder Umgang mit Büchern hervorbringt: die Übung und Differenzierung des psychischen Apparats; Schärfung der Sinne: Erweckung der Beobachtungslust, der Fähigkeit, Komik und Tragik von Situationen zu sehen; Heiterkeit aus Vergleich mit Vergangenem zu ziehen; das Heroische als die Ausnahme zu würdigen, die es darstellt; und das Gewöhnliche, das sich immer wiederholt, gelassen zur Kenntnis zu nehmen und womöglich zu lieben. Vor allem aber: zu staunen; unaufhörlich zu staunen über seinesgleichen und sich selbst. Aber ich habe nicht gelesen. Nicht nur meine Vergangenheit ist mit einem Schlag geändert: Meine Gegenwart ist dieselbe nicht mehr. Nun bleibt das Letzte zu tun: auch die Zukunft zu opfern. Ich werde niemals ein Buch lesen. Der Schrecken, der in diesem Satz steckt, berührt mich, den Nicht-Leser, nicht. Denn ich, ohne Bücher, bin nicht ich.

Aus: Chr. Wolf: Lesen und Schreiben. Aufsätze und Prosastücke. Darmstadt/Neuwied: Luchterhand, 1978, S. 181 f.

Bertolt Brecht: Fragen eines lesenden Arbeiters

1 Wer baute das siebentorige Theben?
In den Büchern stehen die Namen von Königen.
Haben die Könige die Felsbrocken herbeigeschleppt?
Und das mehrmals zerstörte Babylon –
Wer baute es so viele Male auf? In welchen Häusern
Des goldstrahlenden Lima wohnten die Bauleute?
Wohin gingen an dem Abend, wo die Chinesische Mauer fertig war
Die Maurer? Das große Rom
Ist voll von Triumphbögen. Wer errichtete sie? Über wen
Triumphierten die Cäsaren? Hatte das vielbesungene Byzanz
Nur Paläste für seine Bewohner? Selbst in dem sagenhaften Atlantis
Brüllten in der Nacht, wo das Meer es verschlang
Die Ersaufenden nach ihren Sklaven.

Der junge Alexander eroberte Indien.
Er allein?
Cäsar schlug die Gallier.
Hatte er nicht wenigstens einen Koch bei sich?
Philipp von Spanien weinte, als seine Flotte
Untergegangen war. Weinte sonst niemand?
Friedrich der Zweite siegte im Siebenjährigen Krieg. Wer
Siegte außer ihm?

Jede Seite ein Sieg.
Wer kochte den Siegesschmaus?
Alle zehn Jahre ein großer Mann.
Wer bezahlte die Spesen?

So viele Berichte.
So viele Fragen.

Aus: Große kommentierte Berliner und Frankfurter Ausgabe. Band 12, Gedichte 2. © Suhrkamp Verlag Frankfurt am Main 1988

Literaturverarbeitung

Der Verstand und die Fähigkeit, ihn zu gebrauchen, sind zwei verschiedene Gaben. (Franz Grillparzer)

Vielleicht haben Sie sich über die Kapitelüberschrift gewundert – Textverarbeitung kennt man ja aus der Computerwelt, aber Literaturverarbeitung? Ein Blick auf die Unterkapitel zeigt die Richtung des Themenfeldes an: In diesem Kapitel lernen Sie, wie Sie – nach dem „richtigen" Lesen des Textes – diesen im nächsten Schritt „verarbeiten" können, mit anderen Worten: die **Grundlage für die folgende Interpretation beziehungsweise Analyse** zu legen.

Die Anzahl der Unterkapitel zeigt, dass die Methoden vielfältig sind; Ihre Aufgabe wird in Zukunft sein, je nach Text und Anforderung die richtige auszuwählen. Methodenvielfalt ist eine wichtige Voraussetzung, um adäquat, je nach Situation, auf den Text reagieren zu können beziehungsweise die gestellten Aufgaben zu bewältigen.

Das Kapitel zeigt zunächst auf, wie man einen Text zur eigenen Übersicht **gliedert** und seinen Aufbau beschreibt. Dann lernen Sie zwei Methoden kennen, die der inhaltlichen Annäherung an den Text dienen. Hier unterscheidet man zwischen **Précis** (Inhaltsangabe) und **Exzerpt** („Herausschrift"). Beides sind wichtige Verfahren mit unterschiedlichen Zielsetzungen.

Als Lehrkraft ist man manchmal überrascht, welche Texte einem geboten werden, wenn man die Schüler beispielsweise um eine Inhaltsangabe bittet. Das reicht von der Nacherzählung bis zur Stichwort-Tabelle, aber eine Inhaltsangabe ist nicht dabei. Das soll Ihnen künftig nicht mehr passieren.

Abgerundet wird dieses Kapitel durch die Vorstellung einer Methode, die sich vor allem bei nicht-fiktionalen Texten anbietet: das **Glossieren**. Man stellt alle Fachtermini des zu erarbeitenden Themenbereichs zu einem Glossar zusammen und legt auf diese Weise sein eigenes kleines Lexikon an.

Inhaltlich geht es in diesem Kapitel um Kurzgeschichten, Sie lernen also en passant einige schöne deutsche Kurzgeschichten kennen!

1 Gliederung

Einen Text gliedern, das kann ich schon – denken Sie eventuell. Schön für Sie, aber Hand auf's Herz, tun Sie es von Zeit zu Zeit, auch ohne Aufforderung der Lehrkraft? Wahrscheinlich eher nicht, dabei ist es eine wirksame Methode, sich zum einen den **Textinhalt** zu vergegenwärtigen (Hilfestellung für Précis und Exzerpt), sich zum anderen aber auch die **Struktur/Gedankenführung** des Textes bewusst zu machen.

Nehmen Sie beispielsweise eine politische Rede. Der Redner oder die Rednerin möchte in der Regel die Zuhörenden von der eigenen Meinung überzeugen. Dazu wendet er oder sie bestimmte „Tricks" an, zum Beispiel die Aufstellung von Behauptungen oder die Abfolge einer Argumentationskette. Wenn Sie diese Struktur freilegen, ist schon ein gutes Stück Analysearbeit geleistet.

Dies gilt aber auch für literarische Texte. Die Novelle etwa weist häufig eine Rahmenstruktur auf; die Rahmenerzählung gibt Hinweise auf die Binnenerzählung (Mittelteil) und umgekehrt. Wenn Sie dies erkannt haben, ist der erste Schritt der Deutung eingeleitet.

Wie können Sie nun den Aufbau eines Textes erkennen? Zunächst einmal ist **gründliches Lesen** wiederum die Voraussetzung, dann unterstreichen Sie die **Signalwörter,** die für den Aufbau wichtig sind. Hier kommen vor allem Adverbien und Konjunktionen in Frage: Wörter wie „plötzlich“, „auf einmal“ oder „unerwartet“ lassen auf einen neuen Handlungsschritt in einer Erzählung schließen. Wörter wie „zunächst“, „dann“, „schließlich“ gliedern eine Gedankenfolge oder eine zeitliche Abfolge. „Aber“ und „Dennoch“ kündigen eine Änderung in der Gedankenführung an.

Der wichtigste Indikator für den inhaltlichen Aufbau ist jedoch das **Druckbild.** (Fast) Jeder Schriftsteller überlegt sich gründlich, wo er eine neue Zeile beginnt, weil ein neuer Gedanke oder eine neue Handlung einsetzt. Absätze haben Signalfunktion – hier kommt etwas Neues! Vielleicht erinnern Sie sich auch an manche Klassenarbeit oder Klausur, wo als Fehler ein fehlender Absatz moniert wurde. Absätze sind eben auch für den Korrigierenden sehr wichtig, um den Überblick zu behalten. Also, wenn Sie selbst welchen Text auch immer schreiben, seien Sie nicht zu sparsam mit Absätzen! Gerade der literarische Text jedoch ist manchmal geizig mit Absätzen oder enthält sie nicht an den Stellen, die eigentlich logisch wären – das ist die dichterische Freiheit. (Allerdings müssen Sie dann hinterfragen, *warum* der Autor den Text so gesetzt hat.)

Wie erkennt man nun den Aufbau bei Texten, die weder Signalwörter noch Druckbildhilfen aufweisen? Hier hilft nur das aufmerksame Lesen. Fragen Sie sich selbst beim Lesen, ob hier ein neuer Gedanke auftaucht oder die Gedankenführung noch weitergeht. Darüber hinaus folgen viele Texte der klassischen Grundstruktur, dem **Dreischritt:**

- Einleitung (Introduktion): Hier werden zum Beispiel Ort, Zeit, Personen oder Grundideen eingeführt. Die Situation wird dargestellt.
- Hauptteil: In diesem größten Textabschnitt, der meist in kleinere Abschnitte gegliedert werden kann, wird das Geschehen/der Gedankengang entfaltet.
- Schluss: Je nach Textart findet man hier ein Resümee, ein Fazit, einen Appell, eine Pointe oder das Ende einer Erzählung.

Beim **schriftlichen Fixieren** des Aufbaus bieten sich zwei Möglichkeiten an:

- Sie markieren im Text die einzelnen Abschnitte, beispielsweise mit einer geschweiften Klammer, und halten stichwortartig fest, worum es in dem einzelnen Abschnitt geht.
- Sie schreiben die Gliederung mit der Zeilenangabe auf ein gesondertes Blatt.

Beispiel

Z. 1–27:	Tourist weckt dösenden Fischer
Z. 28–45:	Beginn des Gesprächs Tourist–Fischer
Z. 46–66:	Erklärung des Fischers, warum er nicht ausfährt
Z. 67–72:	„Zigarettenpause"
Z. 73–115:	Tourist erklärt seine Position
Z. 116–129:	Pointe

Gliederung des Textes „Anekdote zur Senkung der Arbeitsmoral" von Heinrich Böll *(siehe S. 31 f.)*

Auf den Punkt gebracht

- Die Beschreibung des Textaufbaus ist eine nützliche Methode, um sich den Gedankengang und/oder die inhaltliche Struktur eines Textes bewusst zu machen.
- Hilfen zur Erkennung bieten Signalwörter, Druckbild und natürlich aufmerksames Lesen.
- Hilfestellung leistet auch die klassische Dreierstruktur des Textaufbaus mit Einleitung, Hauptteil und Schluss.
- Die Abschnitte werden entweder direkt im Text markiert oder mit Zeilenangabe auf einem gesonderten Blatt aufgelistet.
- Der Inhalt des Abschnitts wird stichwortartig festgehalten.

Aufgabe 7 Lesen Sie die folgende Kurzgeschichte gründlich durch. Beschreiben Sie den Aufbau des Textes.

Kurt Marti: Neapel sehen

Er hatte eine Bretterwand gebaut. Die Bretterwand entfernte die Fabrik aus seinem häuslichen Blickkreis. Er haßte die Fabrik. Er haßte seine Arbeit in der Fabrik. Er haßte die Maschine, an der er arbeitete. Er haßte das Tempo der Maschine, das er selber beschleunigte. Er haßte die Hetze nach Akkordprämien, durch welche er es zu einigem Wohlstand, zu Haus und Gärtchen gebracht hatte. Er haßte seine Frau, sooft sie ihm sagte, heut nacht hast du wieder gezuckt. Er haßte sie, bis sie es nicht mehr erwähnte. Aber die Hände zuckten weiter im Schlaf, zuckten im schnellen Stakkato der Arbeit. Er haßte den Arzt, der ihm sagte, Sie müssen sich schonen, Akkord ist nichts mehr für Sie. Er haßte den Meister, der ihm sagte, ich gebe dir eine andere Arbeit, Akkord ist nichts mehr für dich. Er haßte so viele verlogene Rücksicht, er wollte kein Greis sein, er wollte keinen kleineren Zahltag, denn immer war das die Hinterseite von so viel Rücksicht, ein kleinerer Zahltag. Dann wurde er krank, nach vierzig Jahren Arbeit und Haß zum ersten Mal krank. Er lag im Bett und blickte zum Fenster hinaus. Er sah sein Gärtchen. Er sah den Abschluß des Gärtchens, die Bretterwand. Weiter sah er nicht. Die Fabrik sah er nicht, nur den Frühling im Gärtchen und eine Wand aus gebeizten Brettern. Bald kannst du wieder hinaus, sagte die Frau, es steht alles in Blust. Er glaubte ihr nicht. Geduld, nur Geduld, sagte der Arzt, das kommt schon wieder. Er glaubte ihm nicht. Es ist ein Elend, sagte er nach drei Wochen zu seiner Frau, ich sehe immer das Gärtchen, sonst nichts, nur das Gärtchen, das ist mir zu langweilig, immer dasselbe Gärtchen, nehmt doch einmal zwei Bretter aus der verdammten Wand, damit ich was anderes sehe. Die Frau erschrak. Sie lief zum Nachbarn. Der Nachbar kam und löste zwei Bretter aus der Wand. Der Kranke sah durch die Lücke hindurch, sah einen Teil der Fabrik. Nach einer Woche beklagte er sich, ich sehe immer das gleiche Stück der Fabrik, das lenkt mich zu wenig ab. Der Nachbar kam und legte die Bretterwand zur Hälfte nieder. Zärtlich ruhte der Blick des Kranken auf seiner Fabrik, verfolgte das Spiel des Rauches über dem Schlot, das Ein und Aus der Autos im Hof, das Ein des Menschenstromes am Morgen, das Aus am Abend. Nach vierzehn Tagen befahl er, die stehengebliebene Hälfte der Wand zu entfernen. Ich sehe unsere Büros nie und auch die Kantine nicht, beklagte er sich. Der Nachbar kam und tat, wie er wünschte. Als er die Büros sah, die Kantine und so das gesamte Fabrikareal, entspannte ein Lächeln die Züge des Kranken. Er starb nach einigen Tagen.

Aus: K. Marti: Dorfgeschichten. Gütersloh: Mohn, 1960, S. 60 ff. (Das kleine Buch 142)

2 Précis (Inhaltsangabe)

Der Fremdwörter-Duden definiert das Wort „Précis" als „kurz und präzise abgefasste Inhaltsangabe" (S. 631). Bereits die eigentlich französische Bezeichnung „Précis" macht deutlich, dass eben „präzise" dargestellt werden muss.

Die Inhaltsangabe hat **rein wiedergebenden Charakter.** Das heißt, hier wird noch keinerlei Deutung verlangt. Sie dient – ähnlich wie die Beschreibung des Aufbaus – dazu, sich den Inhalt zu vergegenwärtigen. Erst wenn man präzise darstellen kann, worum es geht, wenn der Text inhaltlich verstanden ist, kann man ihn deuten. Eigentlich eine Binsenwahrheit, aber leider zeigen die Erfahrungen aus dem Schulalltag, dass Fehlinterpretationen passieren, weil der Text nicht richtig gelesen (siehe Kapitel 2) und nicht richtig verstanden wurde. Schüler sind beim Umgang mit Literatur häufig zu schnell, sie gehen den Text zu hastig an, werden oberflächlich und damit „unpräzise".

Genauigkeit ist bei der Besprechung von Literatur immens wichtig, manchmal sind einzelne Worte für den ganzen Textsinn entscheidend. Deshalb finden Sie in vielen Deutsch-Klausuren als ersten Arbeitsauftrag: „Geben Sie kurz den Inhalt des Textes wieder." Sie denken vielleicht, diese Aufgabe sei reine Zeitverschwendung. Dabei möchte der Lehrer Ihnen die Chance geben, dass Sie sich wirklich den Inhalt bewusst machen, bevor Sie sich in die Interpretation „stürzen". Diese Chance sollten Sie wahrnehmen!

Wie jede Aufsatzform, hat auch die Inhaltsangabe eine **festgelegte Form:**

- Die Wiedergabe des Inhalts erfolgt in ganzen Sätzen in einem abgeschlossenen Text.
- Im ersten Satz geben Sie Verfasser, Titel und eventuell die Textart an. Sie versuchen auch das Thema des Textes zu nennen.
- Das Tempus ist das Präsens.
- Die Inhaltsangabe beschränkt sich auf das Wichtigste.
- Die Darstellungsart ist nüchtern und objektiv, eigene Meinungen und Kommentare werden unterlassen.
- Die sprachliche Gestaltung ist sachlich, es fehlen erzählende Elemente.
- Die Inhaltsangabe enthält keine Zitate und keine wörtliche Rede.

Der Précis ist eine gute Übung für treffendes Formulieren und die Überprüfung des eigenen Textverständnisses. Wenn Sie bei der Inhaltsangabe „ins Schwimmen geraten", sollten Sie den Text nochmals gründlich lesen, um abzuklären, wo die Verständnisschwierigkeiten liegen.

Beispiel

Inhaltsangabe des Textes „Neapel sehen" von Kurt Marti (siehe S. 29)

Kurt Marti erzählt in seiner Kurzgeschichte „Neapel sehen" von einem Fabrikarbeiter, dessen Leben von Hass auf seine Arbeit geprägt ist. Nach vierzig Jahren Arbeit wird er zum ersten Mal schwer krank. Er liegt im Bett und starrt auf die Bretterwand am Ende seines Gartens, die ihm den Blick auf das Fabrikgelände versperrt. Er bittet seine Frau, zwei Bretter aus der Wand nehmen zu lassen, damit er mehr von den Fabrikgebäuden sehen könne. Eine Woche später lässt er die Hälfte des Zauns entfernen, noch eine Woche später den Rest der Wand. Als er die gesamte Fabrik sehen kann, beginnt der Mann zu lächeln. Kurze Zeit später stirbt er.

Auf den Punkt gebracht

- Die Inhaltsangabe dient dazu, sich den Textinhalt präzise zu vergegenwärtigen, um die Interpretation auf eine solide Basis zu stellen.
- Die im Präsens verfasste Inhaltsangabe stellt den Inhalt sachlich-objektiv dar und konzentriert sich auf Wesentliches. Erzählende Elemente, Kommentierungen und Zitate entfallen.

Aufgabe 8 Lesen Sie die Kurzgeschichte gründlich durch. Schreiben Sie einen Précis dazu.

Heinrich Böll: Anekdote zur Senkung der Arbeitsmoral

In einem Hafen an einer westlichen Küste Europas liegt ein ärmlich gekleideter Mann in seinem Fischerboot und döst. Ein schick angezogener Tourist legt eben einen neuen Farbfilm in seinen Fotoapparat, um das idyllische Bild zu fotografieren: blauer Himmel, grüne See mit friedlichen schneeweißen Wellenkämmen, schwarzes Boot, rote Fischermütze. Klick. Noch einmal: klick, und da aller guten Dinge drei sind und sicher sicher ist, ein drittes Mal: klick. Das spröde, fast feindselige Geräusch weckt den dösenden Fischer, der sich schläfrig aufrichtet, schläfrig nach seiner Zigarettenschachtel angelt, aber bevor er das Gesuchte gefunden, hat ihm der eifrige Tourist schon eine Schachtel vor die Nase gehalten, ihm die Zigarette nicht gerade in den Mund gesteckt, aber in die Hand gelegt, und ein viertes Klick, das des Feuerzeuges, schließt die eilfertige Höflichkeit ab. Durch jenes kaum messbare, nie nachweisbare Zuviel an flinker Höflichkeit ist eine gereizte Verlegenheit entstanden, die der Tourist – der Landessprache mächtig – durch ein Gespräch zu überbrücken versucht.

„Sie werden heute einen guten Fang machen." Kopfschütteln des Fischers.

„Aber man hat mir gesagt, dass das Wetter günstig ist." Kopfnicken des Fischers. „Sie werden also nicht ausfahren?" Kopfschütteln des Fischers, steigende Nervosität des Touristen. Gewiss liegt ihm das Wohl des ärmlich gekleideten Menschen am Herzen, nagt an ihm die Trauer über die verpasste Gelegenheit. „Oh, Sie fühlen sich nicht wohl? "

Endlich geht der Fischer von der Zeichensprache zum wahrhaft gesprochenen Wort über. „Ich fühle mich großartig", sagt er. „Ich habe mich nie besser gefühlt." Er steht auf, reckt sich, als wolle er demonstrieren, wie athletisch er gebaut ist. „Ich fühle mich fantastisch."

Der Gesichtsausdruck des Touristen wird immer unglücklicher, er kann die Frage nicht unterdrücken, die ihm sozusagen das Herz zu sprengen droht: „Aber warum fahren Sie dann nicht aus?"

Die Antwort kommt prompt und knapp. „Weil ich heute Morgen schon ausgefahren bin." „War der Fang gut?"

„Er war so gut, dass ich nicht noch einmal auszufahren brauche, ich habe vier Hummer in meinen Körben gehabt, fast zwei Dutzend Makrelen gefangen ..." Der Fischer, endlich erwacht, taut jetzt auf und klopft dem Touristen beruhigend auf die Schultern. Dessen besorgter Gesichtsausdruck erscheint ihm als ein Ausdruck zwar unangebrachter, doch rührender Kümmernis. „Ich habe sogar für morgen und übermorgen genug", sagt er, um des Fremden Seele zu erleichtern. „Rauchen Sie eine von meinen?" „Ja, danke."

Zigaretten werden in Münder gesteckt, ein fünftes Klick, der Fremde setzt sich kopfschüttelnd auf den Bootsrand, legt die Kamera aus der Hand, denn er braucht jetzt beide Hände, um seiner Rede Nachdruck zu verleihen.

„Ich will mich ja nicht in Ihre persönlichen Angelegenheiten mischen", sagt er, „aber stellen Sie sich mal vor. Sie führen heute ein zweites, ein drittes, vielleicht sogar ein viertes Mal aus und Sie würden drei, vier, fünf, vielleicht gar zehn Dutzend Makrelen fangen ... Stellen Sie sich das mal vor." Der Fischer nickt.

„Sie würden", fährt der Tourist fort, „nicht nur heute, sondern morgen, übermorgen, ja, an jedem günstigen Tag zwei-, dreimal, vielleicht viermal ausfahren – wissen Sie, was geschehen würde?" Der Fischer schüttelt den Kopf. „Sie würden sich in spätestens einem Jahr einen Motor kaufen können. In zwei Jahren ein zweites Boot, in drei oder vier Jahren könnten Sie vielleicht einen kleinen Kutter haben, mit zwei Booten oder dem Kutter würden sie natürlich viel mehr fangen – eines Tages würden Sie zwei Kutter haben. Sie würden ...", die Begeisterung verschlägt ihm für ein paar Augenblicke die Stimme, „Sie würden ein kleines Kühlhaus bauen, vielleicht eine Räucherei, später eine Marinadenfabrik, mit einem eigenen Hubschrauber rundfliegen, die Fischschwärme ausmachen und ihren Kuttern per Funk Anweisung geben. Sie könnten die Lachsrechte erwerben, ein Fischrestaurant eröffnen, den Hummer ohne Zwischenhändler direkt nach Paris exportieren – und dann ...", wieder verschlägt die Begeisterung dem Fremden die Sprache. Kopfschütteln, im tiefsten Herzen betrübt, seiner Urlaubsfreude schon fast verlustig, blickt er auf die friedlich hereinrollende Flut, in der die ungefangenen Fische munter springen. „Und dann", sagt er, aber wieder verschlägt ihm die Erregung die Sprache. Der Fischer klopft ihm auf den Rücken wie ein Kind, das sich verschluckt hat. „Was dann? ", fragt er leise.

„Dann", sagt der Fremde mit stiller Begeisterung, „dann könnten Sie beruhigt hier im Hafen sitzen, in der Sonne dösen – und auf das herrliche Meer blicken." „Aber das tu ich ja schon jetzt", sagt der Fischer, „ich sitze beruhigt am Hafen und döse, nur Ihr Klicken hat mich dabei gestört." Tatsächlich zog der solcherlei belehrte Tourist nachdenklich von dannen, denn früher hatte er auch einmal geglaubt, er arbeite, um eines Tages einmal nicht mehr arbeiten zu müssen, und es blieb keine Spur von Mitleid mit dem ärmlich gekleideten Fischer in ihm zurück, nur ein wenig Neid.

Aus: H. Böll: Aufsätze, Kritiken, Reden. München: dtv, 1969. Bd. II, S. 182 ff.

3 Exzerpt

Während die Inhaltsangabe an einen möglichen Leser (Lehrer/Mitschüler) gerichtet sein kann und in einem zusammenhängenden Text nach bestimmten Regeln verfasst wird, ist das Exzerpieren eine Technik, die nur **für den eigenen Gebrauch** gedacht ist. Das Exzerpt ist ein wichtiges Instrumentarium zur Verarbeitung von Literatur etwa im Rahmen eines Referats, einer Facharbeit oder – später im Studium – einer Seminararbeit.

Unter „Exzerpieren" versteht man das **Herausschreiben wichtiger Informationen zu einem Themengebiet.** Nehmen wir einmal an, Sie bearbeiten Heines *Deutschland. Ein Wintermärchen* in einer Facharbeit. Sie haben sich verschiedene Interpretationen in der Bibliothek besorgt. Sie können nun unmöglich alle Details der verschiedenen Interpreten im Kopf behalten, geschweige denn zu einer Facharbeit zusammenstellen. Wenn Sie aber zu jedem Buch Exzerpte anfertigen, so können Sie Ihre Notizen durchgehen und für eine eigene Gesamtinterpretation verwenden.

Sie sind bei der **Gestaltung der Exzerpte völlig frei,** Sie können Zitate herausschreiben, Informationen strukturiert notieren (z. B. als Schaubild, Flussdiagramm etc.) oder aber Wichtiges mit eigenen Worten zusammenfassen.

So können Sie Ihre Exzerpte Gewinn bringend gestalten:

- Bewährt hat sich der Gebrauch von **Karteikarten,** wobei auf jeder Karte ein wichtiger Gedanke festgehalten wird. Selbstverständlich können Sie auch Blätter verwenden, beginnen Sie aber pro Buch ein neues Blatt, das erleichtert das Nachschauen. Legen Sie sich auch einen Karteikasten oder eine Hängeregistratur an. So können Sie Ihre Karteikarten oder Blätter in ein Ablagesystem bringen, das es Ihnen erleichtert, die Karten oder Blätter schnell wiederzufinden. So legen Sie sich im Lauf des Deutschunterrichts (oder später im Studium) einen Fundus an extrahiertem Wissen an.
- Egal, ob Blatt oder Karteikarte, wichtig ist, dass Sie auf den Kopf notieren, aus welchem Buch/Aufsatz Sie exzerpieren. Da Sie keinen geistigen Diebstahl begehen wollen und Ihre Quellen offen legen, müssen Sie bei der Arbeit, für die Sie die Exzerpte vorbereitend erstellen, beim Zitieren den entsprechenden Nachweis erbringen. Zum Nachweis gehören die so genannten **bibliographischen Angaben:** Name(n) des Autors; Buchtitel und Untertitel; Verlagsort; Verlag; Erscheinungsjahr (Auflage). (siehe S. 71 ff.)
- Geben Sie am linken Rand die **Seite** an, auf der Sie einen Gedanken gefunden haben. Das erleichtert das Zitieren erheblich.

- Nach der Erstellung des Exzerpts lesen Sie es nochmals durch. Dann notieren Sie mit einer anderen Farbe an den rechten Rand **Stichworte,** die Ihnen beim späteren Verwenden ein schnelles Auffinden ermöglichen.
- Bevor Sie ausgeliehene Bücher wieder zurückbringen, **prüfen** Sie nochmals sorgfältig, ob Sie alle Titel mit allen bibliographischen Angaben aufgeschrieben haben und ob auch Seitenangaben vorhanden sind. Es wäre zu ärgerlich, wenn Sie ein treffendes Zitat nicht verwenden dürfen, weil die Seitenangabe fehlt, das entsprechende Buch aber wieder in der Bibliothek weilt!

Beispiel

Lexikonartikel zum Stichwort „Kurzgeschichte"

Kurzgeschichte, urspr. Übersetzung des amerikan. → short story, doch in Europa als Sondergattung, kurze epische Prosa-Zwischenform von Novelle, Skizze und Anekdote, charakterisiert durch zielstrebige, harte und bewusste Komposition auf eine unausweichliche Lösung hin (vom Schluss her geschrieben), die auf Erschütterung abzielt oder einen Lebensbruch bringt. Zusammendrängung e. in sich gerundeten Geschehens mit unvermuteter Pointe auf engstem Raum, Summe eines Menschenlebens, aus dem Augenblick belebt, realistische Tatsachenwiedergabe oder impressionistisches Stimmungsbild bilden die Skala ihrer Möglichkeiten, die in ständiger Erweiterung begriffen ist; aus Vorstufen etwa der Fazetien- und Schwanklit. und HEBELS → Kalendergeschichten sowie Ansätzen bei H. V. KLEIST, E. T. A. HOFFMANN und HEBBEL entstand sie in Dtl. um 1920 im Zusammenhang mit den Erfordernissen der Zeitschriften- und Magazinform, die statt der für geselliges Lesen gedachten Novelle eine kurze Lektüre für den eiligen Einzelleser braucht. [...]

Exzerpt des Lexikonartikels

Kurzgeschichte
Wilpert, Gero von: Sachwörterbuch der Literatur, Kröners Taschenausgabe, Band 231, ^{7}1989, S. 493, Alfred Kröner Verlag, Stuttgart

Ursprung: Amerika, short story
Gattung: Zwischenform Prosa (Novelle, Schwank, Anekdote)
Charakteristika:
- zielstrebige Komposition auf Schluss hin
- Ziel: Erschütterung, Zusammenbruch
- Zusammendrängung
- in sich gerundetes Geschehen
- unvermutete Pointe
- „Summe eines Menschenlebens"
- realistische Tatsachen o. „impressionistisches Stimmungsbild"

Autoren: Hebel (Kalendergesch.), E.T.A. Hoffmann, Kleist, Hebbel
Leser: „eiliger Einzelleser"

Auf den Punkt gebracht

- Das Exzerpt dient der Auswertung von Literatur, die man zur Bearbeitung eines Themas gelesen hat.
- Es hält stichwortartig oder strukturiert oder in Zitaten wichtige Informationen fest, sei es auf Karteikarten oder Notizblättern.
- Dabei werden bibliographische Vermerke und Seitenangaben festgehalten.
- Oberbegriffe und farbige Stichworte auf den Blättern/Karten ermöglichen ein schnelles Wiederfinden wichtiger Informationen.

Aufgabe 9 Die Kurzgeschichte gehört zu den epischen Formen der Literatur. Informieren Sie sich anhand des folgenden Textes zur Epik und erstellen Sie ein Exzerpt!

Wolf Gewehr: Episches Erzählen

Der Begriff Epik ist hergeleitet von griech. „epós" (das Gesagte, Bericht, Erzählung) und steht als Sammelbezeichnung für erzählende Dichtkunst. Das Adjektiv *episch* (griech. „epikós") bedeutet im engeren Sinn „zum Epos gehörig", bezeichnet aber darüber hinaus zugleich einen poetologischen Grundbegriff, der nicht nur das Epos, nicht einmal nur die gesamte epische Dichtung einbezieht, sondern als inneres Strukturmerkmal grundsätzlich auf jede Gattung (vgl. etwa epische Lyrik, episches Drama) sowie deren Formen (z.B. die Ballade) bezogen werden kann. Unter E. ist heute allgemein die Erzählliteratur in all ihren weit gefächerten Ausprägungen und Darstellungsformen zu verstehen, die in diesem kurzen Beitrag nicht im Einzelnen vorgestellt werden können [...]. Statt dessen soll der Begriff des Epischen im Folgenden unter den beiden Aspekten „Ursituation des Erzählens" und „Ansätze zu einer Erzähltheorie" betrachtet werden.

Die Ursituation des Erzählens: Alle epischen Formen sind letztlich zurückzuführen auf eine Grundsituation des Erzählens, die darin besteht, dass „ein Vergängliches da ist, das erzählt wird, dass ein Publikum da ist, dem erzählt wird, und dass ein Erzähler da ist, der zwischen beiden gewissermaßen vermittelt" (W. Kayser, S. 201). Diese epische Ursituation ist vergleichbar mit einer „Mauerschau" im Theater: Nur derjenige, der Einblick hat in das, was jenseits der „Mauer" geschieht, kann auch davon berichten. Es kann sich dabei um ein reales oder fiktives Geschehen, um die Darstellung einer äußeren oder inneren Welt handeln.

W. Benjamin unterscheidet zwei archaische Grundtypen von Erzählern: der eine ist der fest Ansässige, der seinen lokalen Lebenskreis nur selten verlässt und darum auch nicht allzu viel selbst „erlebt", aber dafür am Erleben anderer teilhat und der mündlich tradierte Erfahrungen zur Quelle seiner Erzählungen macht. Der andere Archetyp von Erzähler ist der Wanderer oder Seefahrer, der in die Ferne zieht und über seine eigenen Erlebnisse zu berichten weiß. In dem einen Fall kann der Erzähler also zurückgreifen auf Berichte aus der Vergangenheit [...], in dem anderen Fall greift er „unvermittelt" auf subjektive Erfahrungen zurück.

Grundlage allen Erzählens ist mithin die selbst erlebte oder von anderen berichtete Wirklichkeitserfahrung. Die Erlebniswelt des Erzählers – daheim oder in der Fremde – ist das ihn umgebende Leben, das ihn in seiner Vielgestaltigkeit und oft in seiner Rätselhaftigkeit zur geistigen Beschäftigung anregt: etwa Erscheinungen, die einer Erklärung bedürfen, Situationen und Ereignisse, die seine Aufmerksamkeit auf sich ziehen und damit aus dem allgemeinen Geschehen als bedeutend (oder deutenswert) hervorstechen. Alles, was spezifische Geistesbeschäftigungen auslöst, kann in diesem Sinne als „bedeutend" gelten, also alles Wunderbare, Wissenswerte, Verehrenswürdige, Heilkräftige, Unheilträchtige, Erklärungsbedürftige usw. Das Erleben des Erzählers kann zum anderen von einer inneren Welterfahrung hergeleitet werden, z.B. angeregt durch seine Phantasie, so dass sich als weitere Möglichkeit des Erzählens das freie Erfinden von Geschichten ergibt.

Jeder Stoff trägt bereits a priori seine eigenen Strukturgesetze in sich. Die Wahl des Erzählgegenstandes führt darum unwillkürlich zur Ausformung einer charakteristischen Erzählform. Die epischen Formen sind also nicht von vornherein fest determinierte und morphologischen Gesetzmäßigkeiten folgende Dichtgattungen, deren sich der Erzähler als eines Instrumentes bedient, sondern sie sind Ausdruck seiner Erzählintention, die meistens durch den Erzählstoff mitbedingt ist, aber auch von der Gesamtsituation abhängig ist. Dies lässt sich an einem Beispiel erläutern: Wer etwa seinen Hörern eine Begebenheit aus dem Leben Friedrichs des Großen erzählen will, die nicht in das allgemeine Geschichtsbild dieses preußischen Herrschers eingegangen ist, sondern nur „am Rande notiert" wurde, der erzählt im Grunde ein „Histörchen", dessen Hintergrund immer von der Gesamtpotenz jener historischen Persönlichkeit ausgeleuchtet wird. Aufgrund der vorliegenden Erzählintention ergibt sich also zwangsläufig die geeignete Erzählform – in diesem Fall das, was formalästhetisch gemeinhin als „Anekdote" (= das Nichtherausgegebene) bezeichnet wird. Die Frage nach den einzelnen Erzählformen ist daher weitgehend davon abhängig, was ein Erzähler mit welcher Absicht erzählen will. Insofern lässt sich sagen, dass sich im Grunde alle epischen Formen von einer bestimmten Grundsituation des Erzählens ableiten lassen. Diese Ursituation verlangt von dem Erzähler eine entsprechende Darstellungsform, die den Zuhörer in irgendeiner Weise impliziert, sei es als Publikum, das von dem Erzähler zu einer Pointe geführt wird (etwa beim Witz oder bei einer Anekdote), oder als partnerähnliches Gegenüber, an dessen eigene Erfahrungen der Erzähler anknüpft. Es ist dem Erzähler überlassen, seinen Gegenstand befangen oder dramatisch vergegenwärtigend oder auch überlegen plaudernd darzustellen, je nachdem, wie die jeweilige Situation es erfordert. [...]

Aus: Handlexikon der Literaturwissenschaft. Hrsg. von Dieter Krywalski. Reinbek bei Hamburg: Rowohlt, 1978. Bd. 1, S. 116 f.

4 Glossar

Sie kennen vielleicht den Begriff der „Glosse“ aus der Zeitung. Darunter versteht man eine knappe, meist polemisch-spöttische Stellungnahme zu aktuellen Ereignissen in Presse, Rundfunk oder Fernsehen.

Das Glossar hat nichts mit Spott und Kommentar zu tun, allerdings gehen beide Begriffe auf denselben griechischen Begriff (glossa: Zunge) zurück und haben auch beide den gleichen historischen Ursprung: Glossen waren Randbemerkungen, die in mittelalterlichen Handschriften zur Erklärung angebracht wurden. Wenn diese Glossen gesammelt und alphabetisch aufgeschrieben wurden, so sprach man von einem Glossar.

Wir verstehen also unter einem Glossar eine **Sammlung von Ausdrücken mit Erklärungen zu einem bestimmten Themenbereich**, die alphabetisch angeordnet sind und somit dem Nachschlagen dienen. Mit anderen Worten gesagt, handelt es sich um Ihr privates Lexikon oder Wörterbuch.

Überlegen wir noch einmal, was die Benutzung eines Wörterbuchs oder Lexikons so attraktiv macht:

- Es ist das schnelle Auffinden von Wörtern, da eine Struktur (hier Alphabet) eingehalten wird.
- Es ist die Erklärung von schwierigen Begriffen. In einer Zeit, in der das Wissen explosionsartig zunimmt, kann man nicht mehr alles behalten, aber man kann alles nachschlagen.

Und warum sollen Sie ein Glossar anlegen? Stellen Sie sich folgende Situation vor: Im Deutschunterricht wird eine Unterrichtsreihe zum Thema „Linguistik“ durchgeführt. Sie lesen beispielsweise die Sprachtheorie von Saussure. Sie werden innerhalb weniger Unterrichtsstunden mit einer Vielzahl unbekannter Fachtermini konfrontiert. Irgendwann werden Sie „Signifié“ und „Signifiant“ verwechseln. Wenn Sie aber von Anfang an ein Glossar mit den Fachtermini anlegen, also auch selbst die Definitionen der Begriffe formulieren, prägen Sie sich die Bezeichnungen ein und können – wenn Sie doch einmal einen Begriff vergessen haben – direkt und schnell nachschlagen.

In Ihrem privaten Wörterbuch sind also nur die Wörter aufgelistet, die Sie wirklich brauchen. Auch für die Wiederholungsphase vor dem Abitur können Sie auf Ihre Glossare zurückgreifen.

Beispiel

Auszug eines Glossars zur Linguistik

Arbitrarität: Beziehung von Vorstellung und Lautbild ist *beliebig*
Linearität: Realisation des sprachlichen Zeichens („Aussprechen" oder „Schreiben") verläuft in der Zeit
Linguistik: Sprachwissenschaft
Saussure: Genfer Sprachwissenschaftler, Begründer der Zeichentheorie (1916)
Semiotik: Lehre von den sprachlichen Zeichen
Signifiant: „das Bezeichnende" – Lautbild des Wortes
Signifié: „das Bezeichnete" – Inhalt des Wortes
Zeichen: steht für etwas anderes; sprachliches Zeichen hat zwei Seiten: Lautgestalt und Inhaltsaspekt

Auf den Punkt gebracht

- Unter einem Glossar versteht man eine alphabetisch geordnete Zusammenstellung von Fachtermini mit den entsprechenden Erläuterungen zu einem Themenkomplex oder zu einer Unterrichtsreihe.
- Es entspricht somit einem „privaten Wörterbuch".
- Die Erstellung eines Glossars bietet sich besonders bei solchen Bereichen an, die eine hohe Dichte an Fachvokabular aufweisen.

Aufgabe 10 Erstellen Sie ein Glossar zu den epischen Kleinformen. Dazu zählen:

- Anekdote
- Kurzgeschichte
- Parabel
- Novelle
- Legende
- Sage
- Märchen
- Fabel
- Apophthegma
- Kalendergeschichte

Textproduktion

Bücherschreiben ist das einzige Verbrechen, bei dem sich der Täter bemüht, Spuren zu hinterlassen. (Gabriel Laub)

Sie haben sich nun schon weit vorgearbeitet: Sie haben gelernt, wie man richtig liest und das Gelesene sinnvoll verarbeitet. Im nächsten Schritt nun sollen Sie sich schriftlich zu einem Text oder zu einem Themengebiet äußern – eine Aufgabe, die im Deutschunterricht häufig an Sie gestellt wird. Um mit Gabriel Laub zu sprechen, könnte man sagen, Sie gehen jetzt auf „Spurensuche".

Hier kann man zwischen „Klein-" und „Großformen" unterscheiden. Zu den **Kleinformen** gehören die Analyse, die Interpretation, die Argumentation (Erörterung) und der Kommentar. Sie sind in der Regel begrenzt auf einen Text oder Textausschnitt (Ausnahme: Textvergleich). Diese Textsorten werden in der Regel als Klausuren verwendet. Nicht nur aus diesem Grund ist es wichtig, dass Sie sich sicher in dieser Art der Textproduktion fühlen.

Zu den **Großformen** gehören das Referat und die Facharbeit, weil sie sich mit komplexeren Themen befassen. Dies schlägt sich meist auch in einem größeren Umfang nieder. Hier könnte beispielsweise als Referat eine Epoche, etwa die Romantik, vorgestellt werden. Als Thema für eine Facharbeit sind der Fantasie keine Grenzen gesetzt, das könnte sein *Das lyrische Ich bei Goethes Sturm-und-Drang-Gedichten* oder aber *Brechts Konzeption des Epischen Theaters.* In den neueren Lehrplänen und Richtlinien findet die Facharbeit immer mehr Beachtung, sie kann oder soll in einigen Bundesländern eine Klausur ersetzen.

Die **Anforderungen,** die die „Klein-" und „Großformen" an Sie stellen, sind recht unterschiedlich:

Bei den zuerst genannten Formen geht es darum, dass Sie sich minutiös mit einem Text auseinander setzen. Denken Sie hier beispielsweise wieder an das Gedicht, das aus nur wenigen Worten besteht, – jedes einzelne Wort ist hier also wichtig. Ihren eigenen Text werden Sie nun vermutlich in der klassischen Textgliederung in Einleitung, Hauptteil und Schluss verfassen. In der Interpretation oder Analyse gehen Sie meist nach der Chronologie des Textes oder nach Themeninseln vor.

Bei den Großformen dagegen müssen Sie sich erst das entsprechende Fachwissen aneignen, es anschließend sinnvoll strukturieren und dann die einzelnen Unterthemen/-kapitel verfassen.

Sie sehen also schon, dass es sich lohnt, auch dieses vierte Kapitel gründlich durchzuarbeiten. Noch ein Tipp: Für beide Formen ist das Zitieren sehr wichtig, so wichtig, dass ihm ein eigenes Kapitel gewidmet ist. Bearbeiten Sie dieses am besten direkt im Anschluss, um eine enge Verknüpfung herzustellen!

1 Analyse

Der Fremdwörter-Duden erklärt das Wort folgendermaßen: „[gr.-m.lat.; ‚Auflösung'] 1. systematische Untersuchung eines Gegenstandes oder Sachverhalts hinsichtlich aller Komponenten od. Faktoren; Ggs. Synthese ..." (S. 58)

Hier ist präzise formuliert, was bei einer Analyse verlangt wird: Man zerlegt den Text in seine Einzelteile und untersucht diese akribisch.

Nun wird der Begriff Analyse gerade in Abgrenzung zur Interpretation nicht einheitlich verwendet. Im Folgenden wird der Begriff zur Beschreibung einer Aufsatzform verwendet, in der ein **nicht-fiktionaler Text (Sachtext)** im Hinblick auf **Inhalt, Form und Sprache** untersucht wird.

Nicht-fiktionale Texte widmen sich einem „Gegenstand", der in der Wirklichkeit tatsächlich existiert. So ist Ihre eigene Gedichtinterpretation auch ein nicht-fiktionaler Text, denn Sie beziehen sich auf einen Text, der in der Realität vorhanden ist. Auch dieses Buch, das Sie gerade studieren, gehört zu den nicht-fiktionalen Texten. Zu den nicht-fiktionalen Texten zählen beispielsweise Reden, Interpretationen, Zeitungsartikel (Reportagen, Kommentare, Rezensionen ...) und (literaturtheoretische, philosophische, ethische ...) Abhandlungen.

Bei der Analyse ist es dann Ihre Aufgabe herauszufinden, wie die Beziehung zwischen der dargestellten Wirklichkeit und den im Text dazu geäußerten Meinungen ist, ob objektiv oder manipulatorisch beschrieben wird, ob die Gründe stimmen und überzeugend sind.

Wie gehen Sie bei der Analyse am besten vor? Mittlerweile ist es für Sie selbstverständlich, dass Sie den Text zunächst einmal gründlich lesen und auffällige Stellen unterstreichen, Randnotizen anfertigen und gegebenenfalls unbekannte Wörter nachschlagen.

Sollte die Überschrift oder ein Hinweis der Lehrkraft so aufschlussreich sein, dass bei Ihnen Vorwissen aktiviert wird, so halten Sie dieses auch fest, vielleicht finden sich wertvolle Hinweise für die spätere Analyse darin. Denken Sie beispielsweise an die bekannte Rede von John F. Kennedy *Ich bin ein Berliner.* Wenn Sie geschichtliche Kenntnisse zur historischen Situation Berlins haben, so hilft Ihnen das bei der Analyse dieser Rede weiter, auch wenn der Text selbst vielfache Hinweise gibt.

Da im Folgenden anhand dieser Rede das Vorgehen bei der Analyse erläutert wird, sollten Sie zunächst diese Rede lesen:

Beispiel

John F. Kennedy: Meine Berliner und Berlinerinnen!

Ich bin stolz, heute in Ihre Stadt zu kommen als Gast Ihres hervorragenden Regierenden Bürgermeisters, der in allen Teilen der Welt als Symbol für den Kampf und den Widerstandsgeist West-Berlins gilt. Ich bin stolz, auf dieser Reise die Bundesrepublik Deutschland zusammen mit ihrem hervorragenden Herrn Bundeskanzler besucht zu haben, der während so langer Jahre die Politik bestimmt hat nach den Richtlinien der Demokratie, der Freiheit und des Fortschritts. Ich bin stolz darauf, heute in Ihre Stadt in der Gesellschaft eines amerikanischen Mitbürgers gekommen zu sein, General Clay, der hier tätig war in der Zeit der schwersten Krise, durch die diese Stadt gegangen ist, und der wieder nach Berlin kommen wird, wenn es notwendig werden sollte.

Vor zweitausend Jahren war der stolzeste Satz, den ein Mensch sagen konnte, der: „Ich bin ein Bürger Roms!“ Heute ist der stolzeste Satz, den jemand in der freien Welt sagen kann: „Ich bin ein Berliner!“ Wenn es in der Welt Menschen geben sollte, die nicht verstehen oder die nicht zu verstehen vorgeben, worum es heute in der Auseinandersetzung zwischen der freien Welt und dem Kommunismus geht, dann können wir ihnen nur sagen, sie sollen nach Berlin kommen. Es gibt Leute, die sagen, dem Kommunismus gehört die Zukunft. Sie sollen nach Berlin kommen! Und es gibt wieder andere in Europa und in anderen Teilen der Welt, die behaupten, man könne mit den Kommunisten zusammenarbeiten. Auch sie sollen nach Berlin kommen! Und es gibt auch einige wenige, die sagen, es treffe zwar zu, dass der Kommunismus ein böses und ein schlechtes System sei; aber er gestatte es ihnen, wirtschaftlichen Fortschritt zu erreichen. Aber lasst auch sie nach Berlin kommen!

Ein Leben in der Freiheit ist nicht leicht, und die Demokratie ist nicht vollkommen. Aber wir hatten es nie nötig, eine Mauer aufzubauen, um unsere Leute bei uns zu halten und sie daran zu hindern, woanders hinzugehen. Ich möchte Ihnen im Namen der Bevölkerung der Vereinigten Staaten, die viele Tausend Kilometer von Ihnen entfernt auf der anderen Seite des Atlantiks lebt, sagen, dass meine amerikanischen Mitbürger sehr stolz darauf sind, mit Ihnen zusammen selbst aus der Entfernung die Geschichte der letzten 18 Jahre teilen zu können. Denn ich weiß nicht, dass jemals eine Stadt 18 Jahre lang belagert wurde und dennoch lebt mit ungebrochener Vitalität, mit unerschütterlicher Hoffnung, mit der gleichen Stärke und mit der gleichen Entschlossenheit wie heute West-Berlin.

Die Mauer ist die abscheulichste und die stärkste Demonstration für das Versagen des kommunistischen Systems. Die ganze Welt sieht dieses Eingeständnis des Versagens. Wir sind darüber keineswegs glücklich, denn, wie Ihr Regierender Bürgermeister gesagt hat, die Mauer schlägt nicht nur der Geschichte ins Gesicht, sie schlägt der Menschlichkeit ins Gesicht. Durch die Mauer werden Familien getrennt, der Mann von der Frau, der Bruder von der Schwester; Menschen werden mit Gewalt auseinander gehalten, die zusammen leben wollen.

Was von Berlin gilt, gilt von Deutschland: Ein echter Friede in Europa kann nicht gewährleistet werden, solange jedem vierten Deutschen das Grundrecht einer freien Wahl vorenthalten wird. In 16 Jahren des Friedens und der erprobten Verlässlichkeit hat diese Generation der Deutschen sich das Recht verdient, frei zu sein, einschließlich des Rechts, die Familien und die Nationen in dauerhaftem Frieden wieder vereint zu sehen im guten Willen gegen jedermann.

Sie leben auf einer verteidigten Insel der Freiheit. Aber Ihr Leben ist mit dem des Festlands verbunden, und deswegen fordere ich Sie zum Schluss auf, den Blick über die Gefahren des Heute hinweg auf die Zukunft des Morgen zu richten: über die Freiheit dieser Stadt Berlin, über die Freiheit Ihres Landes hinweg auf den Vormarsch der Freiheit überall in der Welt, über die Mauer hinweg, auf den Tag des Friedens in Gerechtigkeit. Die Freiheit ist unteilbar, und wenn auch nur einer versklavt ist, dann sind nicht alle frei. Aber wenn der Tag gekommen sein wird, an dem alle die Freiheit haben und Ihre Stadt und Ihr Land wieder vereint sind, wenn Europa geeint ist und Bestandteil eines friedvollen und zu höchsten Hoffnungen berechtigten Erdteils, dann können Sie mit Befriedigung von sich sagen, dass die Berliner und diese Stadt Berlin 20 Jahre lang die Front gehalten haben. Alle freien Menschen, wo immer sie leben mögen, sind Bürger dieser Stadt West-Berlin, und deshalb bin ich als freier Mann stolz darauf, sagen zu können: Ich bin ein Berliner!

Aus: John F. Kennedy: Dämme gegen die Flut. Reden und Erklärungen. Hrsg. von John W. Gardner. Frankfurt/M. und Hamburg: Fischer, 1964, S. 183 f.

Bevor Sie mit dem eigentlichen Schreiben der Textanalyse beginnen, sollten Sie stichpunktartig den **Textaufbau** festhalten. Das erleichtert Ihnen sowohl die (strukturierte) Textwiedergabe als auch die Analyse der Gedankenführung.

Beispiel

Aufbau der Kennedy-Rede

Z. 1–19: Exposition: captatio benevolentiae
Z. 20–43: Parallelisierung Römer – Berliner
Verteufelung des Kommunismus
Z. 44–63: Stolz und Mitgefühl der Amerikaner
Z. 64–77: Verurteilung des Mauerbaus
Z. 78–89: Verallgemeinerung Berlin – Deutschland
Z. 90–115: Schlussappell: Vision der Freiheit

Nun geht es ans Verfassen des Analyseaufsatzes. Zuerst schreiben Sie einen **Einleitungssatz.** Er soll zum untersuchenden Text hinführen und dem Leser des Aufsatzes eine erste Einordnung ermöglichen. Daher enthält der Einleitungssatz grundlegende Informationen über den Text (Autor, Titel, Textsorte, ggf. Entstehungszeit, Entstehungszusammenhang).

Dann erfolgt die **Textwiedergabe,** die zusammenfassende Vergegenwärtigung des Inhalts. Die Inhaltswiedergabe bereits gibt zu erkennen, ob Sie den Text wirklich verstanden haben.

Nun erfolgt ein sehr wichtiger Schritt: die Analyse der **Gedankenführung.** Sie untersuchen hier, wie und warum der Verfasser bzw. Redner seine Gedanken miteinander verknüpft hat. Oft bietet es sich an, im Aufsatz die Textwiedergabe schon mit der Analyse der Gedankenführung zu verknüpfen.

Es gibt keinen Inhalt ohne Sprache. Deshalb erfolgt nun eine Analyse der **sprachlichen Gestaltung.** Besonders bei der Textsorte Rede spielen sprachliche Mittel eine große Rolle. Schließlich kommen unsere rhetorischen Mittel aus der Redekunst, der Rhetorik. Gerade Redner müssen auf sprachliche Gestaltung achten. Damit die Zuhörer ihnen bis zum Ende zuhören, muss die Rede interessant sein. Sie sagen vielleicht, dass hänge vom Inhalt ab. Aber Inhalt gibt es nicht ohne Form, er muss gerade bei den mündlichen Formen gut „verpackt“ sein. Und dann gibt es noch kleine Tricks, mit denen die Rhetoriker ihre Zuhörerschaft packen: sie schmeicheln ihr oder loben sie (captatio benevolentiae), stellen ihr (rhetorische) Fragen oder appellieren mit starken Worten an Verstand oder Herz. Selbst bei Sachtexten möchte der Schreiber in der Regel, dass Sie den Text zu Ende lesen, also muss er gut geschrieben sein.

Nun fehlt nur noch ein Schritt, um Ihre Analyse abzurunden. Sie müssen erklären, warum oder mit welcher **Absicht (Intention)** der Verfasser oder Redner das geschrieben oder gesagt hat, was Ihnen als Text vorliegt.

Wird in der Aufgabenstellung eine **eigene Position** gefordert, so bildet dies den Abschluss Ihres Aufsatzes. Meist ist eine eigene Stellungnahme aber eher in der Erörterung gefragt.

Noch zwei Bemerkungen zum Abschluss:

- Verwenden Sie bei der Analyse **Textzitate,** um Ihre Aussagen zu belegen.
- Verwenden Sie die **indirekte Rede,** wenn Sie den Text nicht wortwörtlich zitieren, sondern dem Sinn nach wiedergeben. Die „würde“-Form („er würde alles darum geben“) ist stilistisch nicht sehr schön. Besser ist es, den „richtigen“ Konjunktiv zu verwenden. Aber Achtung, wählen Sie den Konjunktiv I („er gebe alles darum“) und nicht Konjunktiv II („er gäbe alles darum“). Werfen Sie gegebenenfalls einen Blick in eine Grammatik.

Beispiel

Einleitungssatz

Zu den wohl bekanntesten Politikerreden gehört *Ich bin ein Berliner* von John F. Kennedy, die dieser circa zwei Jahre nach dem Bau der Mauer in Berlin gehalten hat.

Textwiedergabe und Analyse der Gedankenführung

Kennedy lobt zunächst (Z. 1–19) den Widerstandsgeist Deutschlands und seines Bundeskanzlers. Damit gewinnt er gleich zu Beginn die Herzen der Zuhörer.

Dann (Z. 20–43) zieht er einen Vergleich zu den Römern, dem wohl mächtigsten Volk der Geschichte. Er parallelisiert nämlich den stolzen Satz „Ich bin ein Römer“ mit dem bekannten „Ich bin ein Berliner“ und begründet dies damit, dass erst in Berlin sichtbar werde, wie abscheulich der Kommunismus ist. Jeder, der in irgendeiner Form Positives zum Kommunismus äußere, solle seiner Meinung nach nur einmal nach Berlin kommen, um eines Besseren belehrt zu werden.

Auch im nächsten Abschnitt (Z. 44–63) führt er die Verurteilung des Kommunismus fort, indem er das positive Beispiel Amerikas vorführt, das es nie nötig hatte, eine Mauer zu bauen. Er möchte die West-Deutschen moralisch unterstützen, indem er erneut den Stolz und die Unterstützung der Amerikaner betont.

So verurteilt er auch im folgenden Abschnitt (Z. 64–77) den Mauerbau, er sagt sogar, die Mauer schlage der Menschlichkeit ins Gesicht. Er verallgemeinert seine Aussagen, indem er unterstreicht, dass dies nicht nur für West-Berlin gelte, sondern für das ganze geteilte Deutschland (Z. 79–89).

Im letzten Abschnitt (Z. 90–115) verkündigt Kennedy eine Zukunftsvision: Der Tag werde kommen, an dem alle Deutschen in Frieden und Freiheit miteinander vereint leben werden. Er deutet so an, dass die Demokratie den Kommunismus überleben werde. Zum Abschluss erklärt Kennedy, dass der Satz „Ich bin ein Berliner“ zum Synonym werden wird für „Ich bin ein freier Mensch“.

Sprachliche Gestaltung und rhetorische Mittel

Die sprachliche Gestaltung der Rede sei an einigen Beispielen erläutert:

- Dreimalige Wiederholung des Einleitungssatzes „Ich bin stolz“ in Klimax-Anordnung (Gast in Berlin; Bundeskanzler und Bundesrepublik; General Clay). Der amerikanische General, der nach dem Zweiten Weltkrieg in Berlin gearbeitet hat, wird absichtlich zuletzt genannt: So wird seine Leistung hervorgehoben in Verbindung mit der Drohung für den Osten, dass Clay durchaus nochmals wiederkommen könnte, wenn der Ostblock den Frieden gefährde bzw. Anspruch auf den Westen erhebe.
- Aufzählung „Demokratie, Frieden, Fortschritt“ (Z. 11 f.), wiederum in klimatischer Struktur, um hervorzuheben, was seiner Auffassung nach dem Osten alles fehlt.
- Parallelisierung antikes Rom–heutiges Berlin zeigt die Bedeutsamkeit der Stadt auf.
- Personifizierung der Mauer und metaphorischer Gebrauch „die Mauer schlägt der Menschlichkeit ins Gesicht“ (Z. 71 f.): illustriert die Abscheulichkeit der Mauer.

Intention des Redners

Der Redner verfolgt im Wesentlichen zwei Intentionen:

- für die Menschen im Westen: Er will ihr Selbstbewusstsein stärken, damit sie diese schwierige Situation weiter aushalten. Er will ihnen deutlich machen, dass die Amerikaner sie unterstützen, egal was passiert. Damit gibt er ihnen Sicherheit.
- für die Regierenden im Osten: Er zeigt ihnen deutlich seine Verachtung und die der ganzen „freien“ Welt. Zugleich warnt er sie davor, Hand an Westdeutschland zu legen, diese „Insel der Freiheit“ werde weiterhin verteidigt, notfalls militärisch.

Auf den Punkt gebracht

- Bei der Analyse eines nicht-fiktionalen Textes geben Sie nach dem Einleitungssatz zunächst den Inhalt zusammenfassend wieder. Dann erklären Sie den Gang der Gedankenführung, um dann zu Position und Intention des Schreibers zu gelangen.
- Sprachlich-formale Gestaltungselemente werden ebenfalls berücksichtigt. Zitate sichern Ihre Erkenntnisse ab.

Aufgabe 11 Analysieren Sie die folgende Rede.

Konrad Weiß: Rechtsradikalismus und Gewalt in Deutschland

Ich schäme mich. Ich schäme mich, Deutscher zu sein. Ich schäme mich, in einem Land zu leben, das eine Mauer der Gewalt, der Gefühllosigkeit, der Selbstsucht um sich baut. Ich schäme mich, in einem Land zu leben, in dem Menschen Beifall klatschen, wenn Menschen angegriffen, verletzt, vertrieben werden. Ich schäme mich, Mitbürger von Feiglingen zu sein, die Kinder und Frauen schlagen und drangsalieren, und die Jagd auf jene Menschen machen, die bei uns Zuflucht und Hilfe suchen oder anders sind.

Zehn Menschen wurden in diesem Jahr von Rechtsradikalen getötet. Hunderte wurden geschlagen, getreten, verletzt. Tag für Tag werden Menschen, die eine andere Hautfarbe haben oder eine fremde Sprache sprechen, diskriminiert, benachteiligt, geschändet. Mehr als 1 300 rechtsradikale Gewaltakte wurden bis Ende September in Deutschland verübt. 400 Mal wurden Bomben oder Brandflaschen auf Asylbewerberheime oder in die Wohnungen von Ausländern geworfen. Auch ausländische Diplomaten, Kaufleute und Touristen sind sich ihres Lebens im Land der Deutschen nicht mehr sicher. An jedem Tag dieses Jahres wurden Synagogen und jüdische Gräber geschändet, 360 Mal in zwölf Monaten.

Und die meisten Deutschen stehlen sich davon und schweigen. Was ist das nur für ein Land, in dem Hunderttausende auf die Straße gehen, wenn ihnen der Bau eines Flugplatzes oder eines Atomkraftwerkes missfällt, die aber von einer kollektiven Lähmung befallen scheinen, wenn es um das Leben ausländischer Mitbürger geht. Gerade einmal 5 000 Berliner und Brandenburger haben am vergangenen Wochenende den Weg zur verbrannten jüdischen Baracke in Sachsenhausen gefunden, 5 000 von fünf Millionen.

Es gibt keine Entschuldigung für das, was heute in Deutschland geschieht und was wir heute in Deutschland dulden. Weder der mühsame Prozess der Wiedervereinigung noch unsere schmerzliche Ernüchterung, weder die Arbeitslosigkeit noch die sozialen Nöte rechtfertigen die aktive und passive Fremdenfeindlichkeit. Weder die unbewältigte Vergangenheit noch die Deformierungen aus sechzig Jahren Diktatur dürfen als Entschuldigung dafür dienen, dass Menschen wie Tiere über Menschen herfallen. Durch nichts kann diese tausendfache Gewalt gegen schutzlose Menschen gerechtfertigt oder entschuldigt werden. Diese Fremdenfeindlichkeit so vieler Deutscher ist keine krankhafte Verhaltensstörung, die der rücksichtsvollen Therapie bedarf, sondern eine Unmenschlichkeit, die unentschuldbar ist.

Haben wir Ostdeutschen aus 40 Jahren Unterdrückung und Eingesperrtsein wirklich nichts anderes gelernt als Ausgrenzen, Aussperren, Ausstoßen? Und ist die westdeutsche Demokratie nach 40 Jahren wirklich so schwach und verkommen, dass sie sich nicht zu wehren weiß? 813 fremdenfeindliche Ausschreitungen wurden bis Ende September in Westdeutschland registriert – fast doppelt so viel wie in Ostdeutschland.

Unsere Demokratie muss sich wehren. Wir dürfen es nicht hinnehmen und dulden, dass der Name Deutschlands wieder und wieder von radikalen Gewalttätern beschmutzt wird. Jede und jeder in unserem Land muss unsere Demokratie verteidigen. Das beginnt mit scheinbaren Kleinigkeiten, die aber so viel Mut, Wachheit und Zivilcourage erfordern:

Denn es braucht Mut, dem Kollegen oder Taxifahrer, der von „Kanaken“ spricht oder fremdenfeindliche Witze erzählt, über den Mund zu fahren. Und es braucht genauso Mut, denen entgegenzutreten, die Polizisten als „Bullen“ beschimpfen oder sie bei ihrer Arbeit zum Schutz von Mitbürgerinnen und Mitbürgern behindern.

Es braucht Courage, nicht wegzusehen oder sich davonzuschleichen, wenn Menschen Menschen beleidigen und misshandeln oder wenn Steine und Brandflaschen geworfen werden. Es braucht Courage, dem Nachbarn, der zum Sturm auf Ausländer Beifall klatscht, in aller Eindeutigkeit zu sagen, was man von ihm hält. Oder den Feiglingen, die sich vermummen, die Maske vom Gesicht zu reißen. Ich kann auch diese so genannten Antifaschisten nicht ernst nehmen, die nicht einmal den Mut haben, mit ihrem Namen und Gesicht für ihr Handeln einzustehen.

Es braucht staatsbürgerliche Verantwortlichkeit, nicht schweigend zu dulden, wenn Verfassungsfeinde ihre Fahnen und Symbole zeigen und ihre wirren Reden halten, sondern Anzeige zu erstatten und Polizei und Justiz zum konsequenten Handeln aufzufordern. Am vergangenen Wochenende marschierten in Dresden 500 Neonazis auf und hatten dabei den Arm zum Hitlergruß erhoben; Fernsehaufnahmen belegen dies. Dennoch schritt die Polizei nicht ein. Ein Polizeisprecher sagte, dass es keine Hinweise auf strafrechtlich relevante Handlungen gegeben habe. Gilt der § 86a des Strafgesetzbuches in Dresden denn nicht? Ich fordere den sächsischen Innenminister auf, jene Beamte, die gegen die Verwendung der verfassungsfeindlichen Symbole nicht pflichtgemäß eingeschritten sind, zur Verantwortung zu ziehen.

Wir müssen unsere Demokratie radikal verteidigen, radikal, aber mit friedlichen Mitteln, mit den Mitteln des gewaltfreien Widerstands, mit den Mitteln des Rechts. Ich unterstütze nachdrücklich den Vorschlag unseres Kollegen Wolfgang Ullmann, internationale Künstlerinnen und Künstler zum Boykott der Kunststadt Dresden aufzurufen, wenn dort erneut ein Aufmarsch von Rechtsradikalen geduldet werden sollte. Ich rufe meine Mitbürgerinnen und Mitbürger in Brandenburg auf, die Jahrtausendfeier unserer Landeshauptstadt Potsdam zu boykottieren, solange das Land Brandenburg eine Hochburg der Intoleranz ist und ausländische Mitbürgerinnen und Mitbürger dort nicht in Frieden und Sicherheit leben können. Städte und Gemeinden, in denen radikale Gewalttäter aufmarschieren oder sich in Festsälen und Gasthäusern versammeln dürfen, sollten wir meiden. Wer Rechtsradikalen aus Gewinnsucht oder Feigheit Unterschlupf bietet, soll wissen, dass er sich selbst isoliert.

Unsere Demokratie muss sich wehren. Dazu gehört auch, dass der Rechtsstaat das Recht verteidigt, unparteiisch und konsequent. Polizeibeamte, die der Ermordung eines ausländischen Mitbürgers aus sicherer Entfernung tatenlos zusehen, wie es in Eberswalde geschah, sind pflichtvergessene Schufte, die bestraft werden müssen. Staatsanwälte, die Terroristen wenige Stunden nach einem versuchten Mord oder Anschlag wieder auf freien Fuß setzen, sind nicht minder gemeingefährlich als jene Kriminelle. Und der Richter, der fünf Mörder zu wenigen Jahren Jugendstrafe verurteilte, nur weil nicht erkennbar war, wessen Stiefeltritt das Opfer tatsächlich getötet hat, hat sich selbst zum Mittäter gemacht. Ich bin kein Jurist, aber ich meine, wenn Terroristen in der Absicht losziehen, Menschen „aufzuklatschen", wie es in ihrer schrecklichen Gewaltsprache heißt, oder Bomben zu legen, dann ist der Tod von Menschen gemeinschaftlich gewollt und gemeinschaftlich verübt. Das allein muss das Strafmaß bestimmen.

Wir brauchen in Deutschland keine neuen Gesetze, sondern die konsequente Anwendung der gegebenen. Oder ist in diesem Land das Leben eines deutschen Politikers oder Industriellen mehr wert als das eines angolanischen Gastarbeiters oder eines rumänischen Asylbewerbers? Warum werden linksradikale Terroristen lebenslang in Hochsicherheitsgefängnissen verwahrt, rechtsradikale Terroristen aber nach verübten Anschlägen wieder auf freien Fuß gesetzt?

Eine der Ursachen des Unheils, das wieder über Deutschland gekommen ist, ist die Bejahung der Gewalt. Die Barbarei der Rechtsradikalen wird aus den vielen kleinen Gewalttätigkeiten gespeist, an die wir uns gewöhnt haben und die wir fast widerstandslos hinnehmen. Wir haben es nur ungenügend gelernt, Konflikte gewaltfrei zu bewältigen, im Kleinen genauso wie im Großen.

Wir dulden die Gewalt im Straßenverkehr und die Gewalt der Erwachsenen gegen die Kinder. Wir akzeptieren, dass Gewalt gegen Frauen als Kavaliersdelikt angesehen wird. Wir nehmen die vielfältigen, die verbalen oder handgreiflichen Gewalttätigkeiten gegen Minderheiten und Andersdenkende gedankenlos hin. Wir dulden unter dem Vorwand, die Freiheit der Kultur zu schützen, dass uns und unseren Kindern unentwegt die scheußlichsten Gewalttaten vorgeführt werden. Es ist die Saat dieser vielfältigen Gewalt, die nun aufgeht.

Unsere Demokratie, unser Land können wir nur durch eine große Koalition der Menschlichkeit vor dem Rückfall in Barbarei und Totalitarismus bewahren. Diejenigen, die heute „Neger aufklatschen", werden morgen uns und unsere Familien foltern und töten. Sie werden, wenn wir sie gewähren lassen, nicht danach fragen, ob wir Sozialdemokraten oder Kommunisten, ob wir christliche oder liberale Demokraten, ob wir Grüne oder Bürgerrechtler sind. Wir werden uns gemeinsam in ihren Vernichtungslagern wiederfinden, so wie es auch 1933 geschah, wenn wir sie weiter gewähren lassen wie bisher. Mancher von uns steht doch schon heute auf ihren Todeslisten.

Konrad Weiß, MdB, Rede im Deutschen Bundestag am 8. Oktober 1992 (gesprochener Text)

2 Interpretation

„Interpretieren Sie den Text!" – Wie oft haben Sie wohl diesen Arbeitsauftrag schon gelesen? Und dies nicht nur im Deutschunterricht, sondern auch in anderen Fächern, etwa in den Fremdsprachen, in Geschichte, Religion oder Ethik.

Was versteht man nun im Fach Deutsch unter einer Interpretation? In dieser Aufsatzform werden **literarische (fiktionale) Texte** gedeutet, indem man ihre inhaltlichen, formalen und sprachlichen Besonderheiten herausarbeitet, um zu einer schlüssigen **Gesamtauslegung** zu gelangen.

Bei den fiktionalen Texten unterscheidet man drei Großgruppen: die epischen (erzählenden), lyrischen (gedichteten) und dramatischen (szenischen, zur Aufführung bestimmten) Texte.

Interpretation fiktionaler Texte: Untersuchungsaspekte

	Lyrische Texte	**Szenische Texte**	**Epische Texte**
Gattungen (Beispiele)	Sonett Ballade Lied Ode Hymne	Komödie Tragödie Bürgerl. Trauerspiel Sketch Schauspiel	Roman Novelle Kurzgeschichte Parabel Fabel
Formen (Beispiele)	Liebeslyrik Naturlyrik Politische Lyrik Konkrete Poesie	Aristotel. Theater Klassisches Theater Episches Theater Absurdes Theater	Auktoriale Erzählsit. Ich-Erzählsituation Personale Erzählsit.
Personen	Lyrisches Ich Angesprochenes „Du" 3. Person Sing./Pl. Personenlos	Hauptrollen Nebenrollen Statisten Konstellation Charakteristik	Protagonist Übrige Figuren Konstellation Charakteristik
Typische formale Elemente	Strophe – Vers Reim Metrum	Akte – Szenen Monolog Dialog Regieanweisungen	Erzähltechniken (z. B. Zeitdehnung, -raffung) Innerer Monolog Erlebte Rede
Intention	Ästhetisches Vergnügen Demonstration Appell	Ästhetisches Vergnügen Demonstration Appell	Ästhetisches Vergnügen Demonstration Appell

Jede Großgruppe mit ihren einzelnen Gattungen fordert demnach spezifische Herangehensweisen. Die Interpretationsschwerpunkte sind in obiger Tabelle zusammengestellt; eine detailliertere Darstellung würde den Rahmen dieses Buches sprengen (siehe Literaturhinweise S. 121 ff.).

Obige Übersicht gibt Ihnen also erste Hinweise, welche Felder bei den einzelnen Gattungen „abgeerntet" werden können. Bei einem Gedicht würden Sie beispielsweise untersuchen, ob es ein lyrisches Ich gibt und wie seine Einstellung zum Thema des Gedichtes ist. Bei einer Kurzgeschichte würden Sie dagegen darauf achten, welche Erzählsituation vorliegt und wie die Beziehungen der Personen untereinander sind (Personenkonstellation). Beim Drama interessiert die Dialoggestaltung oder die Selbstpräsentation eine Figur im Monolog.

Eine Interpretation umfasst (wie auch die Analyse) immer auch die Untersuchung der sprachlich-formalen Gestaltung des Textes!

Wie gehen Sie nun beim Verfassen einer Interpretation am besten vor? Für die **Einleitung** des Interpretationsaufsatzes gibt es mehrere Möglichkeiten:

- Eine Interpretation eines Textes ist mehr als eine „Inhaltsangabe". Den Text nur mit anderen Worten wiederzugeben (Paraphrase), ist zu wenig. Sie können aber auf die Deutung hinführen, indem Sie in der Einleitung kurz den **Inhalt zusammenfassen** und so die Basis für die folgende Interpretation schaffen. Das kann in Form eines Inhaltssatzes geschehen, also der komprimierten Wiedergabe des Inhalts in einem einzigen Satz (z. B. „In der *Anekdote zur Senkung der Arbeitsmoral* erzählt H. Böll von einem einfachen Fischer, der einen Touristen über die Bedeutung von Arbeit und Reichtum belehrt.").

- Eine weitere Möglichkeit ist, die **eigene Rezeption** an den Anfang der Interpretation zu stellen (z. B. „Beim ersten Lesen des Gedichtes wurde bei mir der Eindruck erweckt, dass der Dichter ..."). Um einen Rahmen für Ihre Interpretation zu schaffen, können Sie am Schluss nochmals auf diese Erstrezeption eingehen und aufzeigen, ob Ihre Eingangshypothese durch die genaue Untersuchung bestätigt oder widerlegt worden ist (z. B. „Zum Abschluss sei noch gesagt, dass sich mein erster Eindruck nicht bestätigt hat. Vielmehr hat meine Deutung aufgezeigt, dass der Dichter uns Leser ...").

- Die letzte Möglichkeit für den Einstieg bietet sich nur dann an, wenn Sie **Vorwissen zum Text,** etwa zur Epoche oder zum Autor, besitzen (z. B. „Bei dem vorliegenden Gedicht handelt es sich um ein Werk aus dem Expressionismus, einer Epoche, in der die Stadt als Moloch ein gängiger Topos war ..."). Aber Vorsicht: Schüler neigen manchmal dazu, auf Biegen und Brechen das, was sie mühsam zu Hause auswendig gelernt haben, unbedingt auf den Text übertragen zu wollen. Gerade allgemeine Klassifizierungen, Epochenmerkmale usw. sind aber lediglich Hilfskonstrukte und treffen meist nur teilweise auf den konkreten Text zu!

Für den **Hauptteil** Ihrer Interpretation bieten sich zwei Verfahren an:

- Sie folgen dem **Textverlauf,** gehen bei der Deutung also Zeile für Zeile, Vers für Vers, Abschnitt für Abschnitt vor. Verbindungen schaffen Formulierungen wie „In der nächsten Strophe dagegen ... der fünfte Vers unterscheidet sich ... im folgenden Abschnitt aber tritt ein neuer Aspekt ... die nächste Szene bringt einen entscheidenden Wechsel ...".
  Vorteile: Die Chronologie des Textes hat einen Sinn, sonst hätte der Autor ihn nicht so angeordnet. Sie folgen also den sinnvollen Textstrukturen und arbeiten den Text ab. Des Weiteren ist die Gefahr geringer einzustufen, dass Sie etwas Wesentliches vergessen, gerade wenn Sie in der Lesephase gut gearbeitet haben (Markierungen, Unterstreichungen etc.).
  Nachteile: Es besteht die Tendenz zur Wiederholung, da ein Aspekt unter Umständen mehrmals im Text auftaucht. Er wird dann mehrmals paraphrasierend genannt, aber nicht in seinen Zusammenhängen gedeutet. Außerdem „verrennt" man sich bei diesem Vorgehen leicht in Details und verliert die Grundbedeutung, die Gesamtaussage des Textes aus den Augen.

- Sie orientieren sich an **Themeninseln,** an Bedeutungsaspekten. Sie überlegen vor der Niederschrift, welche Aspekte wichtig sind, und bringen Sie in eine sinnvolle Anordnung. Hier gebrauchen Sie Formulierungen wie „Als roter Faden zieht sich die Angst vor dem Vater durch den Text ... Diese Erlösungsmetapher findet sich sowohl am Anfang als auch am Ende des Gedichts ... Im Verlauf des Textes macht der Protagonist eine auffällige Entwicklung durch ...".
  Vorteile: Sie bringen in Ihre Interpretation eine eigene Anordnung und zeigen damit, dass Sie in der Lage sind, Strukturen zu schaffen, also auch zu abstrahieren. Sie haben erkannt, was an dem Text wichtig zu besprechen ist, und tun dies in einer sinnvollen Reihenfolge. Wiederholungen entfallen.
  Nachteile: Sie laufen Gefahr sich zu verheddern, Wichtiges zu vergessen oder falsch anzuordnen. Die Deutung geht möglicherweise am Text vorbei.

Fazit: Die chronologische Textinterpretation ist in der Regel leichter, eleganter ist aber zweifellos das thematische Vorgehen. In jedem Fall müssen Sie Ihre Deutung mit Zitaten belegen (siehe S. 71 ff.)!

Sie sind mit Ihrem Interpretationsaufsatz aber noch nicht fertig, wenn die letzte Alliteration geklärt, die letzte Metapher entschlüsselt ist. Runden Sie Ihren Text mit einem **Schluss** ab! Es gibt auch hier verschiedene Möglichkeiten:

- Der Schluss kann eine kurze, präzise **Zusammenfassung** der Hauptpunkte Ihrer Deutung enthalten (z. B. „Abschließend sei nochmals festgehalten, dass der Autor die Situation der Bergarbeiter darstellen wollte, damit ...“.).
- Möglich ist auch eine **Einbettung in die Epoche,** aus der der Text stammt. Hier gelten aber die selben Anmerkungen wie oben.
- Eine **persönliche Stellungnahme** zum Text ist die wohl ansprechendste Art der Schlussbemerkung, weil sie Ihre individuelle Auseinandersetzung mit dem Text abrundet. Manche Lehrer fordern sie in der Aufgabenstellung bereits expressis verbis ein („Beziehen Sie persönlich Stellung zum Text.“). Hüten Sie sich allerdings davor, schulmeisterliche Bewertungen („das hat Goethe gut gemacht“) abzugeben, dies wirkt überheblich und aufgesetzt. Schreiben Sie lieber offen und ehrlich, unter Angabe des Grundes, wie Sie der Text angesprochen hat („Mich hat die Parabel persönlich berührt, weil ich die in ihr geschilderte Situation gut nachvollziehen kann ...“).

Beispiel

Johann Gottfried Herder: Das größte Übel des Staats, die Ratte in der Bildsäule

Hoan-Kong fragte einst seinen Minister, den Koang-Tschong, wofür man sich wohl in einem Staat am meisten fürchten müsse. Koang-Tschong antwortete: „Prinz, nach meiner Einsicht hat man nichts mehr zu fürchten, als was man nennet: *die Ratte in der Bildsäule.*“

Hoan-Kong verstand diese Vergleichung nicht; Koang-Tschong erklärte sie ihm also:

„Ihr wisset, Prinz, daß man an vielen Orten dem *Geiste des Orts* Bildsäulen aufzurichten pflegt; diese hölzernen Statuen sind inwendig hohl und von außen bemalet. Eine Ratte hatte sich in eine hineingearbeitet; und man wußte nicht, wie man sie verjagen sollte. Feuer dabei zu gebrauchen getrauete man sich nicht, aus Furcht, daß solches das Holz der Statue angreife; die Bildsäule ins Wasser zu setzen, getrauete man sich auch nicht, aus Furcht, man möchte die Farben an ihr auslöschen. Und so bedeckte und beschützte die Ehrerbietung, die man vor der Bildsäule hatte, die – *Ratte*.“

„Und wer sind diese Ratten im Staat?“ fragte Hoan-Kong.

„Leute“, sprach der Minister, „die weder Verdienst noch Tugend haben und gleichwohl die Gunst des Fürsten genießen. Sie verderben alles; man siehet es und seufzet darüber; man weiß aber nicht, wie man sie angreifen, wie man ihnen beikommen soll. Sie sind die *Ratten in der Bildsäule.*“

Arbeitstexte für den Unterricht. Parabeln. Stuttgart: Reclam, 1978, S. 16

Einleitung (Alternativen)

Inhaltszusammenfassung

- In dem Text von Herder wird erzählt, wie ein Minister dem Prinzen zu erklären versucht, welche Menschen dem Staat schädlich sind. Der Minister bedient sich dabei des Vergleichs mit der Ratte in der Bildsäule, der man nicht beikommen kann, ohne auch die Bildsäule zu zerstören. So verhalte es sich auch mit den Günstlingen, die eben durch ihre Position geschützt werden.

Inhaltssatz

- Herder stellt in dieser Parabel anhand eines Vergleichs mit der Ratte in der Bildsäule die Gefährlichkeit von Günstlingswirtschaft dar.

Persönliche Rezeption

- Beim Lesen der Parabel wunderte mich zunächst die altmodische Wortwahl und die Auswahl asiatischer Personen. Dennoch wurde mir nach mehrmaliger Lektüre deutlich, dass diese Wahl wohl auf die asiatische Weisheit hindeuten könnte. Des Weiteren lenkt der Autor so von eventueller Kritik an Regierenden im eigenen Land ab.

Einbettung

- Der Text ist der Gattung der Parabel zuzuordnen. Dies erkennt man an der typischen Frage-Antwort-Situation, dem fortgeführten Vergleich Ratte–Günstling und der Lehre am Schluss.

Hauptteil (Alternativen)

Chronologisches Vorgehen

- Im ersten Abschnitt stellt Herder eine Frage-Antwort-Situation zwischen Prinz und Minister dar. Der Prinz möchte wissen, wer dem Staat schade. Er erhält auch eine Antwort, aber diese ist für ihn und wohl jeden Lesenden erklärungsbedürftig, denn der Minister antwortet mit einem Bild: „die Ratte in der Bildsäule“. So ist es konsequent, dass der Prinz nachfragt. Nun folgt eine längere Erklärung, in der verschiedene Möglichkeiten dargelegt werden, wie man der Ratte beikommen könnte, aber alle laufen auf dieselbe Gefahr hinaus: Man schadet dann nämlich auch der Bildsäule (...)

Thematisch strukturiertes Vorgehen

- „Die Ratte in der Bildsäule“ – dies steht bereits in der Überschrift, dann im ersten Abschnitt und schließlich als letzte Worte des Textes. Wenn der Prinz, und mit ihm der Leser, dieses Bild verstanden haben, dann ist auch die Lehre, die der Text beinhaltet, klar (...) Zwei Personen nur treten in der Parabel auf: ein Fragender, hier der Prinz, und ein Antwortender, hier der Minister. Eine typische Situation für eine Parabel – der Junge, der Unwissende sucht Rat bei einem Weisen. Dass der Minister dazu zu rechnen ist, macht seine Antwort, beziehungsweise die Erläuterung seiner Antwort deutlich (...)

Schluss (Alternativen)

Zusammenfassung der Ergebnisse

- Zum Schluss sei nochmals zusammenfassend gesagt, dass der Minister mit seinem Beispiel erreichen möchte, dass der Prinz erkennt, dass auch in seinem Land Gefahr durch die Günstlingswirtschaft drohe. Der Prinz soll also prüfen, ob er auch dazu neige, Menschen, die eigentlich nichts Gutes tun, zu bevorzugen, weil sie ihm vielleicht nach dem Mund reden (...)

- Der Text hat also unverkennbar eine didaktische Intention. Der Minister möchte den Prinzen zum Erkenntnisgewinn bringen. Dies ist typisch für die Textsorte der Parabel, (... s. o.) *Einbettung in Kontext*
- Mir hat der Text gut gefallen, weil er zeigt, dass es immer wieder Menschen gibt, die sich geschickt einschmeicheln können. Man hält sie für Freunde, in Wirklichkeit nutzen sie einen aber nur aus. Ich denke, es gibt dies heute noch, vielleicht weniger in der Regierung, dafür aber im privaten oder beruflichen Umfeld. *Persönliche Stellungnahme*

Auf den Punkt gebracht

- Die Interpretation folgt der klassischen Textstruktur von Einleitung, Hauptteil und Schluss.
- In der **Einleitung** können Sie den Inhalt zusammenfassen, Ihre persönliche Rezeption darstellen oder eine Einbettung in die Epoche, den Textzusammenhang (bei einem Textausschnitt) oder das Werk des Autors vornehmen.
- Im **Hauptteil,** der Textdeutung, gehen Sie entweder chronologisch (dem Textverlauf folgend) oder nach Themeninseln strukturiert vor. Wichtig ist in beiden Fällen, dass Sie Ihre Aussagen durch Zitate absichern. Die Untersuchung der sprachlich-formalen Gestaltung sollte Hand in Hand mit der inhaltlichen Deutung gehen.
- Im **Schluss** können Sie die Ergebnisse kurz zusammenfassen, Ihre persönliche Einschätzung begründet wiedergeben oder den Text in einen größeren Zusammenhang einbetten.

Aufgabe 12 Interpretieren Sie den folgenden Text!

Wolfgang Borchert: Das Brot

Plötzlich wachte sie auf. Es war halb drei. Sie überlegte, warum sie aufgewacht war. Ach so! In der Küche hatte jemand gegen einen Stuhl gestoßen. Sie horchte nach der Küche. Es war still. Es war zu still und als sie mit der Hand über das Bett neben sich fuhr, fand sie es leer. Das war es, was es so besonders still gemacht hatte: sein Atem fehlte. Sie stand auf und tappte durch die dunkle Wohnung zur Küche. In der Küche trafen sie sich. Die Uhr war halb drei. Sie sah etwas Weißes am Küchenschrank stehen. Sie machte Licht. Sie standen sich im Hemd gegenüber. Nachts. Um halb drei. In der Küche.

Auf dem Küchentisch stand der Brotteller. Sie sah, daß er sich Brot abgeschnitten hatte. Das Messer lag noch neben dem Teller. Und auf der Decke lagen Brotkrümel. Wenn sie abends zu Bett gingen, machte sie immer das Tischtuch sauber. Jeden Abend. Aber nun lagen Krümel auf dem Tuch. Und das Messer lag da. Sie fühlte, wie die Kälte der Fliesen langsam an ihr hochkroch. Und sie sah von dem Teller weg.

„Ich dachte, hier wär was“, sagte er und sah in der Küche umher.

„Ich habe auch was gehört“, antwortete sie und dabei fand sie, daß er nachts im Hemd doch schon recht alt aussah. So alt wie er war. Dreiundsechzig. Tagsüber sah er manchmal jünger aus. Sie sieht doch schon alt aus, dachte er, im Hemd sieht sie doch ziemlich alt aus. Aber das liegt vielleicht an den Haaren. Bei den Frauen liegt das nachts immer an den Haaren. Die machen dann auf einmal so alt.

„Du hättest Schuhe anziehen sollen. So barfuß auf den kalten Fliesen. Du erkältest dich noch."

Sie sah ihn nicht an, weil sie nicht ertragen konnte, daß er log. Daß er log, nachdem sie neununddreißig Jahre verheiratet waren.

„Ich dachte, hier wäre was", sagte er noch einmal und sah wieder so sinnlos von einer Ecke in die andere, „ich hörte hier was. Da dachte ich, hier wäre was."

„Ich hab auch was gehört. Aber es war wohl nichts." Sie stellte den Teller vom Tisch und schnippte die Krümel von der Decke.

„Nein, es war wohl nichts", echote er unsicher.

Sie kam ihm zu Hilfe: „Komm man. Das war wohl draußen. Komm man zu Bett. Du erkältest dich noch. Auf den kalten Fliesen."

Er sah zum Fenster hin. „Ja, das muß wohl draußen gewesen sein. Ich dachte, es wäre hier."

Sie hob die Hand zum Lichtschalter. Ich muß das Licht jetzt ausmachen, sonst muß ich nach dem Teller sehen, dachte sie. Ich darf doch nicht nach dem Teller sehen. „Komm man", sagte sie und machte das Licht aus, „das war wohl draußen. Die Dachrinne schlägt immer bei Wind gegen die Wand. Es war sicher die Dachrinne. Bei Wind klappert sie immer."

Sie tappten sich beide über den dunklen Korridor zum Schlafzimmer. Ihre nackten Füße platschten auf den Fußboden.

„Wind ist ja", meinte er. „Wind war schon die ganze Nacht."

Als sie im Bett lagen, sagte sie: „Ja, Wind war schon die ganze Nacht. Es war wohl die Dachrinne."

„Ja, ich dachte, es wäre in der Küche. Es war wohl die Dachrinne." Er sagte das, als ob er schon halb im Schlaf wäre.

Aber sie merkte, wie unecht seine Stimme klang, wenn er log. „Es ist kalt", sagte sie und gähnte leise, „ich krieche unter die Decke. Gute Nacht."

„Nacht", antwortete er und noch: „ja, kalt ist es schon ganz schön."

Dann war es still. Nach vielen Minuten hörte sie, daß er leise und vorsichtig kaute. Sie atmete absichtlich tief und gleichmäßig, damit er nicht merken sollte, daß sie noch wach war. Aber sein Kauen war so regelmäßig, daß sie davon langsam einschlief.

Als er am nächsten Abend nach Hause kam, schob sie ihm vier Scheiben Brot hin. Sonst hatte er immer nur drei essen können.

„Du kannst ruhig vier essen", sagte sie und ging von der Lampe weg. „Ich kann dieses Brot nicht so recht vertragen. Iß du man eine mehr. Ich vertrag es nicht so gut."

Sie sah, wie er sich tief über den Teller beugte. Er sah nicht auf. In diesem Augenblick tat er ihr leid.

„Du kannst doch nicht nur zwei Scheiben essen", sagte er auf seinen Teller.

„Doch. Abends vertrag ich das Brot nicht gut. Iß man. Iß man."

Erst nach einer Weile setzte sie sich unter die Lampe an den Tisch.

Aus: W. Borchert, Das Gesamtwerk. Gütersloh: Bertelsmann, o. J., S. 300 ff.

Hinweis: Wolfgang Borchert lebte von 1921 bis 1947. Er wurde 1941 zum Wehrdienst berufen, kam aber wegen „wehrkraftzersetzender Äußerungen" ins Gefängnis. Er wurde zwar „begnadigt", musste aber wieder an die Front. Er kehrte schwer krank nach Hause zurück. In seinem Werk verarbeitete er vorwiegend die Erlebnisse des Zweiten Weltkrieges.

3 Argumentation (Erörterung)

Erinnern Sie sich noch an den Deutschunterricht der Unter- oder Mittelstufe? Auch damals wurde die Erörterung eingeübt. Beliebte Themen sind hier: „Haustiere – ja oder nein?“, „Ferienarbeit – ja oder nein?“ Eventuell haben Sie in der Klasse die Pro- und Contra-Argumente auf einer großen Plakatwand gesammelt und dann mussten Sie einen Aufsatz dazu schreiben.

Im Prinzip funktioniert die Argumentation (Erörterung) in der Oberstufe nach demselben Schema, allerdings wird sie meist **„textgebunden“** sein: Ihnen wird ein Text vorgelegt, in dem zu einem bestimmten Thema oder Problem Position bezogen wird. Ihre Aufgabe besteht darin, zunächst die Textposition zu erläutern und dann selbst begründet Stellung zu beziehen. Sie sollen also Ihre fachliche Argumentationsfähigkeit unter Beweis stellen. Wir beschränken uns im Folgenden auf diese Erörterungsform, da sie in der Oberstufe am häufigsten vorkommt.

Welche Arbeitsschritte gehören nun zu einer Erörterung?

Beginnen Sie Ihre Erörterung mit einer kurzen **Textwiedergabe**. So vergegenwärtigen Sie sich (und dem Leser Ihres Aufsatzes) den Inhalt des Textes und Sie schreiben sich „warm“.

Dann erfolgen die gründliche **Analyse des vorgegebenen Textes** (vgl. dazu die vorhergehenden Kapitel) und die Aufdeckung seiner Argumentationsstruktur. Sie sollten hier vor allem folgende Fragen an den Text stellen:

- Welche Position wird im Text vertreten?
- Welche Voraussetzungen werden angeführt?
- Mit welchen Argumenten wird die Position vertreten?
- Welche Schlussfolgerungen werden gezogen?
- Welche Lösung wird angeboten?
- Ist die Argumentation plausibel?

Sicherlich werden Sie nicht immer alle Fragen zu einem Text beantworten können. Halten Sie sich aber vor Augen, dass Sie die Stimmigkeit, die Plausibilität der Aussagen überprüfen wollen. Denn so manches Mal werden im Text Voraussetzungen genannt, die nicht stimmen, und damit fällt die ganze Argumentation zusammen. Oder aber es werden Schlussfolgerungen gezogen, die rein manipulativen Charakter haben und sich eigentlich nicht aus der vorhergegangenen Argumentation ergeben.

Im nächsten Schritt stellen Sie Ihre **eigene Position** zum Thema/Problem des Textes vor und **begründen** diese. Bevor Sie mit der Ausarbeitung beginnen, können Sie Ihre Argumente in einer Tabelle sammeln. Beachten Sie hier folgende Fragestellungen:

- Welche Position beziehe ich (zustimmend – differenzierend – ablehnend)?
- Welche Argumente untermauern meine Meinung?
- Welche Gegenargumente könnte es geben? Wie könnte ich sie entkräften?
- Mit welchem Beispiel könnte ich meine Position veranschaulichen?
- Kann ich eine Lösung, z. B. einen Kompromiss, anbieten? Oder möchte ich mit einem Appell enden?

Ordnen Sie die Argumente so an, dass sie aufeinander bezogen sind. Dies hilft, die Argumente der Gegenseite zu entkräften. Es ist immer sinnvoll, die andere Seite mit in die Überlegungen einzubeziehen. Damit zeigen Sie, dass Sie in der Lage sind, einen anderen Standpunkt zu antizipieren, zu akzeptieren und vielleicht zu widerlegen.

Denken Sie auch daran, Ihre eigenen Argumente der Wichtigkeit nach anzuordnen. Das schlagkräftigste Argument gehört an den Schluss, so steigern Sie die Überzeugungskraft.

Nun fehlt nur noch ein runder **Schluss** für Ihre Erörterung. Sie können hier

- nochmals Ihre eigene Meinung zusammenfassend darstellen,
- einen Kompromiss vorschlagen oder
- einen Appell schreiben.

Beispiel

Das Wissen von heute wird im Leben „mindestens zweimal museumsreif". Lehrerverbände rufen nach einer neuen Bildungsreform

Bonn (dpa). Die beiden großen Lehrerorganisationen Gewerkschaft Erziehung und Wissenschaft (GEW) und der Verband Bildung und Erziehung (VBE) haben eine neue große Bildungsreform in Deutschland gefordert.

Mit Blick auf den „Deutschen Bildungskongress" unter Schirmherrschaft von Bundespräsident Roman Herzog heute in Bonn mahnten GEW und VBE, dass Appelle, runde Tische, Initiativen, Foren und Kongresse endlich zu praktischen Veränderungen führen müssten. Dabei sollten die Betroffenen einbezogen werden. Denn ohne Lehrer, Eltern, Schüler und Studenten gebe es keine Bildungsreform, sagte die GEW-Vorsitzende Eva-Maria Stange gestern. Kritisch wandte sich die GEW-Chefin gegen die Forderung Herzogs nach einer stärkeren Betonung des reinen Lernens in der Schule. Seine Warnungen vor einer „Kuschelpädagogik" seien völlig verfehlt, denn Schule habe heute mehr zu leisten als nur reine Wissensvermittlung.

Absage an „Paukschule"

Mit der „selektiven Paukschule" des 19. Jahrhunderts hätten die deutschen Jugendlichen im nächsten Jahrtausend auf dem internationalen Arbeitsmarkt keine Chance mehr. Die „digitale Revolution" habe einmal mehr bewiesen, dass die Entwicklung von Lern-Fähigkeiten und Sozialverhalten wichtiger sei als das reine Anhäufen von Faktenwissen. Dieses werde in der Wissensgesellschaft von heute in einem Menschenleben „mindestens zweimal museumsreif".

Der VBE-Vorsitzende Ludwig Eckinger kündigte Widerstand gegen Privatisierungen im Bildungssystem an. Schulen und Hochschulen dürften nicht von Entscheidungen wechselnder Firmenleitungen abhängen. Eckinger: „Das öffentliche Bildungswesen sollte ein öffentliches bleiben."

Aachener Nachrichten vom 13.4.1999

Für die Erörterung des Zeitungsartikels könnten folgende Argumente gesammelt und in einer Tabelle strukturiert angeordnet werden:

Argumentationsfeld	**Faktenwissen**	**Methodenwissen**
Prüfungen	Einstellungstest verlangen Faktenwissen	man kann sich jedes Wissensgebiet selbstständig aneignen
Exemplarizität	Wissen wird exemplarisch nach Bedeutung ausgewählt	dito
Neue Technologien	Überbetonung der Kommunikationstechnologie	gerade Wissen im Bereich der Kommunikationstechnologie ändert sich rasend schnell
Allgemeinwissen	Allgemeinwissen ist dringend notwendig für den gebildeten Menschen	Wie soll man heutzutage Allgemeinwissen definieren?
?	?	?

Der ausformulierte Erörterungsaufsatz könnte so aussehen:

Textwiedergabe

Anlässlich des „Deutschen Bildungskongresses" haben zwei große Lehrerorganisationen eine umfassende Bildungsreform verlangt. Sie erläuterten, dass die „selektiven Paukschulen" die Schüler nicht auf die Erfordernisse des Computerzeitalters vorbereiten, da reines Faktenwissen zu schnell veralte. Vielmehr müssten die Schüler „Lern-Fähigkeit" und „Sozialverhalten" erlernen. Beide Organisationen wehrten sich dabei einerseits gegen den Vorwurf einer „Kuschelpädagogik" von Roman Herzog und andererseits gegen eine Privatisierung des Bildungssystems.

Textanalyse

Der Zeitungsartikel beschäftigt sich mit einem sensiblen Thema, dem Bildungs- und Schulwesen. Immer wieder werden Vorwürfe gegen die Schulen laut, sie brächten den Schülern zu wenig Wissen bei und stellten keine hohen Anforderungen mehr. Dieser Vorwurf kulminiert in der abwertenden Bezeichnung „Kuschelpädagogik“, die deutlich machen möchte, dass in den Schulen mehr gespielt und Sozialverhalten geübt als Wissen vermittelt wird. In der Tat schneiden deutsche Schüler bei internationalen Leistungsvergleichen oft deutlich schlechter ab als ihre Nachbarn. Die Industrie wiederum verlangt von ihren Mitarbeitern andere Fähigkeiten als die, die in der Schule gelehrt werden, so zum Beispiel Computerkenntnisse oder Teamfähigkeit. Diese Aufzählungen zeigen, dass das deutsche Bildungssystem in einer Krise steckt. So sagen die beiden Lehrerorganisationen zu Recht, „dass Appelle, runde Tische, Initiativen, Foren und Kongresse endlich zu praktischen Veränderungen führen müssten“ (Z. 10–13). Die Frage ist nun, wo man die Schwerpunkte in den Lehrplänen setzt. Heutzutage vermittelt die Schule noch stark „Faktenwissen“, dem aber zu Recht vorgeworfen wird, dass es „heute in einem Menschenleben mindestens zweimal museumsreif“ (Z. 35 ff.) werde. Wendet man sich mehr dem Sozialverhalten und den Lernfähigkeiten zu, kann es passieren, dass wiederum von der „Kuschelpädagogik“ gesprochen wird. Überspitzt formuliert kann man von den beiden Polen „Faktenwissen“ versus „Methodenwissen“ ausgehen.

Eigene Stellungnahme

Faktenwissen hat seine Berechtigung. Man spricht gern von der so genannten „Allgemeinbildung“, die einfach zum gebildeten Menschen gehört. Man sieht, dass bei Einstellungstests gerade dieses auch verlangt wird. Des Weiteren gilt in den Schulen das Gesetz der Exemplarizität, das heißt, da eh nicht alles gelernt werden kann, wird relevanten Wissen ausgewählt und vermittelt.

Mir persönlich dagegen ist es wichtiger, dass ich lerne, *wie* ich am besten lerne, wie ich mir selbstständig ein Wissensgebiet aneignen kann. Das Wissen ist einfach zu groß, man muss eine Auswahl treffen, und die in der Schule getroffene ist meiner Meinung nach nicht immer die beste. Wenn ich aber gelernt habe, wie ich einen Stoff angehe, kann ich mir selbst jedes relevante Thema erschließen, im Notfall auch das der wichtigen Allgemeinbildung. Aber selbst da streiten sich die Geister, was denn nun Allgemeinbildung sei. Am besten kann man dies am Beispiel der Kommunikationstechnologie aufzeigen: Gehört es heutzutage zur Allgemeinbildung, im Internet surfen zu können? Ich denke schon, und deshalb gehört dieser Bereich auch in die Schulen, denn die neuen Technologien sind das beste Beispiel, dass man sich, wenn man sie zu nützen weiß, enorm viel Wissen und damit Chancen auf dem Arbeitsmarkt der Zukunft aneignen kann.

Schluss

Faktenwissen hat sicherlich auch seine Berechtigung. Aber in Zukunft sollte noch mehr darauf geachtet werden, welches Wissen exemplarisch für ein Sachgebiet ist. So kann man die Stoffmenge reduzieren und gewinnt zugleich Raum und Zeit für das Methodenlernen. An diesem exemplarisch ausgesuchten Themengebiet sollten dann die verschiedenen Methoden gelehrt und eingeübt werden, die es Schülern erlauben, selbstständig zu werden.

Auf den Punkt gebracht

- Am Beginn der textgebundenen Erörterung steht zunächst eine kurze **Textwiedergabe.**
- Im nächsten Schritt erfolgt die genaue **Analyse des Ausgangstextes.** Dabei untersuchen Sie v. a. die Argumentationsstruktur des Autors und finden die Problemstellung heraus.
- Dann folgt Ihre **persönliche Auseinandersetzung** mit der Textposition. Sie müssen sich entscheiden, ob Sie den im Text enthaltenen Standpunkt übernehmen, differenzieren oder ablehnen. Sammeln Sie vor der Ausarbeitung stichpunktartig Ihre Argumente und eventuelle Gegenargumente und ordnen Sie sie der Wichtigkeit nach.
- Im **Schlussteil** legen Sie Ihre Meinung dar in einer kurzen Zusammenfassung, einem Kompromissvorschlag oder einem Appell.

Aufgabe 13 Setzen Sie sich erörternd mit dem Text auseinander.

Martin Walser: Erfahrungen beim Verfassen einer Sonntagsrede (Auszug)

Jeder kennt unsere geschichtliche Last, die unvergängliche Schande, kein Tag, an dem sie uns nicht vorgehalten wird. Könnte es sein, daß die Intellektuellen, die sie uns vorhalten, dadurch, daß sie uns die Schande vorhalten, eine Sekunde lang der Illusion verfallen, sie hätten sich, weil sie wieder im grausamen Erinnerungsdienst gearbeitet haben, ein wenig entschuldigt, seien für einen Augenblick sogar näher bei den Opfern als bei den Tätern? Eine momentane Milderung der unerbittlichen Entgegengesetztheit von Tätern und Opfern. Ich habe es nie für möglich gehalten, die Seite der Beschuldigten zu verlassen. Manchmal, wenn ich nirgends mehr hinschauen kann, ohne von einer Beschuldigung attackiert zu werden, muß ich mir zu meiner Entlastung einreden, in den Medien sei auch eine Routine des Beschuldigens entstanden. Von den schlimmsten Filmsequenzen aus Konzentrationslagern habe ich bestimmt schon zwanzigmal weggeschaut. Kein ernstzunehmender Mensch leugnet Auschwitz; kein noch zurechnungsfähiger Mensch deutelt an der Grauenhaftigkeit von Auschwitz herum; wenn mir aber jeden Tag in den Medien diese Vergangenheit vorgehalten wird, merke ich, daß sich in mir etwas gegen diese Dauerpräsentation unserer Schande wehrt. Anstatt dankbar zu sein für die unaufhörliche Präsentation unserer Schande, fange ich an wegzuschauen. Wenn ich merke, daß sich in mir etwas dagegen wehrt, versuche ich, die Vorhaltung unserer Schande auf Motive hin abzuhören und bin fast froh, wenn ich glaube, entdecken zu können, daß öfter nicht mehr das Gedenken, das Nichtvergessendürfen das Motiv ist, sondern die Instrumentalisierung unserer Schande zu gegenwärtigen Zwecken. Immer guten Zwecken, ehrenwerten. Aber doch Instrumentalisierung. Jemand findet die Art, wie wir die Folgen der deutschen Teilung überwinden wollen, nicht gut und sagt, so ermöglichten wir ein neues Auschwitz. Schon die Teilung selbst, solange sie dauerte, wurde von maßgeblichen Intellektuellen gerechtfertigt mit dem Hinweis auf Auschwitz. Oder: Ich stellte das Schicksal einer jüdischen Familie von Landsberg an der Warthe bis Berlin nach genauester Quellenkenntnis dar als einen fünfzig Jahre lang durchgehaltenen Versuch, durch Taufe, Heirat und Leistung dem ostjüdischen Schicksal zu entkommen und Deutsche zu werden, sich ganz und gar zu assimilieren. Ich habe gesagt, wer alles als einen Weg sieht, der nur in Auschwitz enden konnte, der macht aus dem deutsch-jüdischen Verhältnis eine Schicksalskatastrophe unter gar allen Umständen. Der Intellektuelle, der dafür zuständig war, nannte das eine Verharmlosung von Auschwitz. Ich nehme zu meinen Gunsten an, daß er nicht alle Entwicklungen dieser Familie so studiert haben kann wie ich. Auch haben heute lebende Familienmitglieder meine Darstellung bestätigt. Aber: Verharmlosung von Auschwitz. Da ist nur noch ein kleiner Schritt zur sogenannten Auschwitzlüge. Ein smarter Intellektueller hißt im Fernsehen in seinem Gesicht einen Ernst, der in diesem Gesicht wirkt wie eine Fremdsprache, wenn er der Welt als schweres Versagen des Autors mitteilt, daß in des Autors Buch Auschwitz nicht vorkomme. Nie etwas gehört vom Urgesetz des Erzählens: der Perspektivität. Aber selbst wenn, Zeitgeist geht vor Ästhetik.

Bevor man das alles als Rüge des eigenen Gewissensmangels einsteckt, möchte man zurückfragen, warum, zum Beispiel, in Goethes *Wilhelm Meister*, der ja erst 1795 zu erscheinen beginnt, die Guillotine nicht vorkommt. Und mir drängt sich, wenn ich mich so moralisch-politisch gerügt sehe, eine Erinnerung auf. Im Jahr 1977 habe ich nicht weit von hier, in Bergen-Enkheim, eine Rede halten müssen und habe die Gelegenheit damals dazu benutzt, folgendes Geständnis zu machen: „Ich halte es für unerträglich, die deutsche Geschichte – so schlimm sie zuletzt verlief – in einem Katastrophenprodukt enden zu lassen." Und: „Wir dürften, sage ich vor Kühnheit zitternd, die BRD so wenig anerkennen wie die DDR. Wir müssen die Wunde namens Deutschland offenhalten." Das fällt mir ein, weil ich jetzt wieder vor Kühnheit zittere, wenn ich sage: Auschwitz eignet sich nicht dafür Drohroutine zu werden, jederzeit einsetzbares Einschüchterungsmittel oder Moralkeule oder auch nur Pflichtübung. Was durch Ritualisierung zustande kommt, ist von der Qualität des Lippengebets. Aber in welchen Verdacht gerät man, wenn man sagt, die Deutschen seien jetzt ein ganz normales Volk, eine ganz gewöhnliche Gesellschaft?

In der Diskussion um das Holocaustdenkmal in Berlin kann die Nachwelt einmal nachlesen, was Leute anrichteten, die sich für das Gewissen von anderen verantwortlich fühlten. Die Betonierung des Zentrums der Hauptstadt mit einem fußballfeldgroßen Alptraum. Die Monumentalisierung der Schande. Der Historiker H. A. Winkler nennt das „negativen Nationalismus". Daß der, auch wenn er sich tausendmal besser vorkommt, kein bißchen besser ist als sein Gegenteil, wage ich zu vermuten. Wahrscheinlich gibt es auch eine Banalität des Guten.

Aus: M. Walsers Rede zur Verleihung des Friedenspreises des Deutschen Buchhandels 1998 © Suhrkamp Verlag Frankfurt am Main 1998

4 Protokoll

Protokolle werden Sie Ihr Leben lang begleiten, sei es später im Beruf oder sei es bei der Arbeit in einem Verein. Protokolle dienen der Gedächtnisstütze, dazu, die Inhalte und Ergebnisse einer Besprechung, Sitzung o. Ä. schriftlich festzuhalten. Damit man noch Wochen oder Monate später weiß, worum es gegangen ist, sollte das Protokoll präzise, objektiv und verständlich formuliert sein. Es darf nichts hinzugefügt oder weggelassen werden.

Man unterscheidet zwischen Verlaufs- und Ergebnisprotokoll:
- Beim **Verlaufsprotokoll** wird der gesamte Verlauf chronologisch mit Wiedergabe der mündlichen Äußerungen der einzelnen Personen notiert. Dies ist beispielsweise bei mündlichen Prüfungen wichtig, wo genau festgehalten werden muss, welche Fragen der Prüfer gestellt und welche Antworten der Prüfling gegeben hat.
- Das **Ergebnisprotokoll** dagegen konzentriert sich auf die Wiedergabe der Ergebnisse. Auch diese werden in der Regel chronologisch aufgelistet. Bei einer Vereinssitzung zum Beispiel muss festgehalten werden, welche Anträge gestellt und welche Beschlüsse gefasst worden sind.

Während Ihrer Schulzeit begegnet Ihnen vor allem das **Stundenprotokoll.** Der Lehrer ordnet an, dass von einer Unterrichtsstunde ein Protokoll erstellt werden soll, das dann meist für alle Schüler kopiert wird. So hat er die Gewissheit, dass alle die Ergebnisse einer Stunde vorliegen haben.

Das Stundenprotokoll ist zumeist ein Ergebnisprotokoll. Allerdings kann es auch sinnvoll sein, um den Verlauf einer konträren Diskussion zu dokumentieren, die einzelnen Stationen dieser Diskussion zu nennen. Sie sollten sich vor dem Mitschreiben bei Ihrem Lehrer erkundigen, ob er ein Verlaufs- oder Ergebnisprotokoll wünscht. Denken Sie daran, dass ein Protokoll in die Mitarbeitsnote eingehen kann. Bieten Sie daher gegebenenfalls auch einmal von sich aus an, ein Stundenprotokoll zu übernehmen – es ist wirklich schnell gemacht.

Ganz entscheidend für die Güte Ihres Protokolls ist eine vernünftige Mitschrift des Unterrichtsgeschehens. Wenn Sie ausführlich – natürlich in Stichworten – und leserlich notieren, können Sie sich bei der Reinschrift eng an die Vorlage halten.

Ein zweiter Aspekt ist, dass Sie die äußere Form des Protokolls wahren. Dazu gehören unbedingt bestimmte Textbausteine wie Angaben zu: Kurs (Klasse), Fachlehrer, Zeit, Rahmenthema, Stundenthema, Protokollant/in, Textgrundlage mit Quellenangabe und Unterschrift.

Beispiel

STUNDENPROTOKOLL

Kurs: Grundkurs Deutsch 12
Fachlehrerin: Frau Schmidt
Zeit: Montag, den 24. April 2000, 3. Stunde (10.00 – 10.45 Uhr)
Rahmenthema: Liebeslyrik
Stundenthema: Erschließung des Gedichts *Entdeckung an einer jungen Frau*
Textgrundlage: Bertolt Brecht, *Entdeckung an einer jungen Frau*
Protokollantin: Lena Schröder

I. Besprechung der Hausaufgabe
Welche Konzepte von Liebe haben wir bisher kennen gelernt?
- Liebe als zerstörerische Gewalt
- Liebe als unendliche Harmonie
- Liebe als besitzergreifende Macht

II. Einstieg
Lehrerin teilt Arbeitsgruppen Gedichtschnipsel des o. g. Textes aus
Gruppen versuchen Gedichtfassungen zu erstellen
Gruppen stellen ihre Versionen vor und begründen sie (bis auf eine Gruppe legten alle den Originaltext)
Begründungen: Reim, Zeichensetzung, Großschreibungen, Textentwicklung

III. Besprechung der Brecht-Fassung
- Situation: Mann will Frau nach einer Liebesnacht morgens verlassen, er bleibt aber aus Mitleid noch etwas bei ihr
- Aufbau: 2 Quartette, 2 Terzette → Sonett
  Quartette: Aufbau der Situation
  Terzette: Begründung für Bleiben, wörtliche Rede
- Wortwahl: Adjektive /Adverbien: „kühl" (2 x), „nüchtern", „unumwunden"; keine Liebesstimmung, eher sachlich → nur körperliche Liebe;
  Widerspruch: „junge Frau" – „graue Strähne" → Zeit des Übergangs;
  auch temporal Übergang: „Morgen" zwischen Nacht und Tag;
  auch lokal Übergang: „zwischen Tür und Angel" → nicht auf Dauer angelegt
- lyrisches Ich: ein Mann (?), der aus Mitleid bei der Frau bleibt, wird von seinem Trieb gesteuert (Begierde verschlägt ihm die Stimme); will Intensität der Liebe steigern, keine richtige Kommunikation mit der Frau, auf sich selbst konzentriert
- Reim: abab; cddc; efg, egf → untypisch für Sonett, Verbindung Alt–Neu

IV. Hausaufgabe
Halten Sie schriftlich fest, welches Konzept von Liebe in diesem Gedicht dargestellt wird.

Unterschrift: Lena Schröder

Anhang zum Stundenprotokoll

Bertolt Brecht: Entdeckung an einer jungen Frau

Des Morgens nüchterner Abschied, eine Frau
Kühl zwischen Tür und Angel, kühl besehn.
Da sah ich: eine Strähn in ihrem Haar war grau
Ich konnt mich nicht entschließen mehr zu gehn.

Stumm nahm ich ihre Brust, und als sie fragte
Warum ich Nachtgast nach Verlauf der Nacht
Nicht gehen wolle, denn so war's gedacht
Sah ich sie unumwunden an und sagte:

Ist's nur noch eine Nacht, will ich noch bleiben
Doch nütze deine Zeit; das ist das Schlimme
Daß du so zwischen Tür und Angel stehst.

Und laß uns die Gespräche rascher treiben
Denn wir vergaßen ganz, daß du vergehst.
Und es verschlug Begierde mir die Stimme.

Aus: Große kommentierte Berliner und Frankfurter Ausgabe.
Band 13: Gedichte 1.

Auf den Punkt gebracht

- Das Stundenprotokoll ist die Wiedergabe der Inhalte und Ergebnisse eines Unterrichtsgeschehens.
- Dabei darf nichts weggelassen oder hinzugefügt werden.
- Das Protokoll wird sachlich, präzise und verständlich formuliert.
- Zu Beginn erfolgt ein Datenvorspann, der die Rahmenbedingungen nennt.
- Am Schluss setzt der Protokollant die Unterschrift.

Aufgabe 14 Fertigen Sie ein Protokoll der nächsten Deutschstunde an.

5 Referat mit Thesenpapier und Facharbeit

Ein Referat ist ein Vortrag zu einem bestimmten Thema. Es handelt sich also um einen mündlichen Vorgang. Allerdings gehören die Vorarbeiten wieder zu den „klassischen" Methoden: Literatur suchen, lesen, auswerten, Ergebnisse schriftlich präsentieren (in Form eines Thesenpapiers). Daher soll die Erstellung eines Referats, von der Materialsuche bis zum Thesenpapier, bereits hier im Kapitel „Textproduktion" behandelt werden. Was den Vortrag selbst betrifft, sei auf das Kapitel „Mündliche Techniken" (S. 81 ff.) verwiesen. Die Arbeitsschritte bei einer Facharbeit sind weitgehend dieselben wie beim Referat.

Nehmen wir an, Sie sollen ein Referat über das Leben und Werk Heinrich Leopold Wagners halten unter besonderer Berücksichtigung des Theaterstücks *Die Kindermörderin*. Wie gehen Sie vor?

- **Material sichten**
  Unter „Primärliteratur" versteht man den Originaltext eines Dichters, also einen Roman, ein Gedicht, ein Theaterstück usw. „Sekundärliteratur" dagegen umfasst alle Bücher und Aufsätze über einen Autor und seine Werke.
  Natürlich brauchen Sie zunächst einmal den **Primärtext.** Wenn Sie ihn aus der Bibliothek ausleihen möchten, schauen Sie in den alphabetischen oder Autorenkatalog unter „Wagner, Heinrich Leopold: Die Kindermörderin". Es empfiehlt sich allerdings, den Primärtext zu kaufen, weil Sie dann beim Lesen unterstreichen und anmerken können.
  Die **Sekundärliteratur** hilft Ihnen, die eigenen Interpretationsergebnisse zu überprüfen und zu ergänzen. Sie finden in der Bibliothek zunächst einmal im *Kindler Literatur Lexikon* oder einem ähnlichen Überblickswerk erste Informationen zu Wagner und seinem Stück. Dabei werden Sie erfahren, dass der Autor zur Epoche des „Sturm und Drang" gehört. Sie suchen dann im Schlagwort- oder Sachkatalog unter „Wagner, Heinrich Leopold" Biografien zum Autor und Sekundärliteratur zur *Kindermörderin.* Sie können im Schlagwortkatalog auch Werke zum Sturm und Drang suchen oder sich mithilfe einer Literaturgeschichte über diese Epoche informieren. Im Literaturverzeichnis der Sekundärwerke finden Sie jeweils weitere Literaturangaben.

- **Literatur auswerten**
  Zunächst lesen Sie das Primärwerk und gehen dabei so vor, wie Sie es im Kapitel „Lesetechniken" (S. 13 ff.) gelernt haben. Halten Sie Ihre Ideen und Interpretationsansätze stichwortartig fest. Beim Lesen der Sekundärliteratur wenden Sie die Technik des Exzerpierens (siehe S. 33 ff.) an. Sie legen sich eine „Datenbank" mit Ihren Karteikarten an.

- **Konzept erstellen**
  Dies ist der schwierigste Schritt. Sie lesen nochmals Ihre Interpretation und die Exzerpte durch und entscheiden dann, in welche sinnvolle Reihenfolge Sie Ihre Ergebnisse bringen. Die dabei entstehende Gliederung ist die Grundlage für Ihr Thesenpapier.
  Wenn es Ihnen schwer fällt, sich für eine Reihenfolge zu entscheiden, dann versuchen Sie es mit einem Mindmapping. Auch diese Methode kennen Sie schon: Sie schreiben den zentralen Begriff in die Mitte eines Blattes und verbinden die weiteren Begriffe, die dazu gehören, mit Pfeilen.

Beispiel

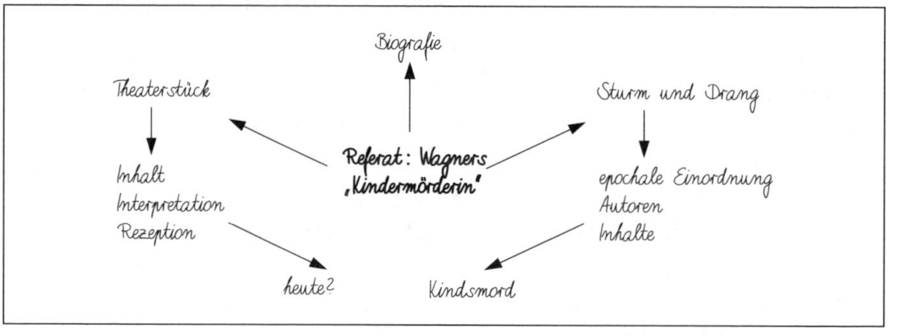

Nach dieser Vergegenwärtigung fällt Ihnen die Gliederung bestimmt leichter. Sie überlegen nun, welche Informationen zu welchem Gliederungspunkt gehören. So erstellen Sie nach und nach das Konzept, das Ihnen als Grundlage für den mündlichen Vortrag dienen wird. Aber schreiben Sie keinesfalls das Referat als ausformulierten Text auf, den Sie dann im Unterricht ablesen. Dies ist für die Zuhörer entsetzlich anstrengend und langweilig (siehe dazu auch S. 87 ff.)!

- **Thesenpapier verfassen**
  Das Thesenpapier (Handout, Tischvorlage) erleichtert den Zuhörern die Konzentration auf Ihren Vortrag. Es enthält die wichtigsten Stichpunkte zum Thema, so dass Ihre Mitschüler nicht oder nur wenig mitschreiben brauchen.
  Berücksichtigen Sie bei der Erstellung eines Thesenpapiers:
  - Die äußere Form sollte wie beim Protokoll gewahrt werden (Thema des Referats, Kurs, Lehrer, Zeit, Name des Referenten, Quellenangaben).
  - Die Informationen sollten strukturiert, präzise und verständlich sein.
  - Das Thesenpapier sollte übersichtlich und großzügig angelegt sein (Platz für eventuelle Notizen lassen!).

Beispiel

Thesenpapier zum Referat: Heinrich Leopold Wagner und sein Theaterstück *Die Kindermörderin*

Kurs: Grundkurs 12 Deutsch
Lehrerin: Frau Schmidt
Zeit: Montag, den 24. April 2000, 3. Stunde
Primärtext: Heinrich Leopold Wagner, *Die Kindermörderin*. Stuttgart: Reclam 1987
Referentin: Lena Schröder

1 Heinrich Leopold Wagner

1747	geboren in Straßburg als Sohn eines Kaufmanns
um 1770	Freundschaft mit Goethe
1773/74	Arbeit als Hofmeister (Hauslehrer)
1776	Doktorexamen in Jura; Heirat mit Theodora Magdalena Frieß
1778	Tod der Ehefrau
1779	Tod Wagners

Mitglied des Straßburger Hain (Versammlung der Sturm-und-Drang-Dichter)
Werke: *Die Reue nach der Tat* (1775), *Die Kindermörderin* (1777)

2 *Die Kindermörderin*

2.1 Inhalt
- bürgerliches Mädchen wird von Offizier vergewaltigt und geschwängert
- er verspricht ihr die Heirat, verlässt dann die Stadt
- falscher Brief teilt ihr mit, dass er seine Heiratsabsichten geändert habe, Mädchen verzweifelt; läuft von zu Hause weg
- sie gebiert ihr Kind, tötet es im Wahnsinn, Vater des Kindes trifft zu spät ein
- Ende offen: Mädchen erwartet Todesstrafe (1. Fass.); Happyend (2. Fass.)

2.2 Interpretation
- Motiv des unschuldigen verführten Mädchens
- Verzweiflung der ledigen Mutter
- Unnatur des Kindsmords spiegelt Unnatur der Gesellschaft wider
- Kritik an gesellschaftlichen Verhältnissen (auch Militär und Adel)
- realistische Darstellung zeitgenössischer Lebensumstände

2.3 Rezeption
- Parallelmotiv zum *Faust*
- Aufführungen teilweise in Deutschland verboten
- Umgestaltung in 2.Fassung mit Titel *Evchen Humbrecht oder Ihr Mütter merkts Euch!* mit Happyend → sentimentales Lehrstück, sehr erfolgreich
- Neufassung von Peter Hacks in jüngerer Zeit mit dem Ziel der Darstellung des ideologischen Klassenkampfs

3 Sturm und Drang

3.1 Epochale Eingrenzung
- literarische Epoche in Deutschland ca. 1765–1790
- 1770: Treffen Herder–Goethe
- Zentrum: Straßburg und Göttingen
- Name: Theaterstück von Klinger

3.2 Autoren
- Goethe *(Die Leiden des jungen Werthers, Götz von Berlichingen;* Lyrik)
- Schiller *(Die Räuber, Kabale und Liebe)*
- Lenz *(Der Hofmeister, Die Soldaten)*
- Bürger (Gedichte, z. B. *Der Bauer)*
- Klinger *(Sturm und Drang, Die Zwillinge)*

3.3 Inhalte
- Betonung des Genies („Geniezeit")
- Schöpferkraft statt Regelpoesie
- Emotionalität und Spontaneität
- Naturerfahrungen
- kraftvolle Sprache
- Sozialkritik (Ständeschranken), kritisches Denken, Streben nach Freiheit
- Ablehnung des einseitigen Rationalismus und Fortschrittsoptimismus

3.4 Formen und Themen
Schwerpunkte: Theaterdichtung, Gedichte
Themen:
- politische Freiheit
- Generationskonflikt
- soziale Zustände: Kindsmord!
- Protest gegen Autoritäten in Staat, Gesellschaft, Kirche

3.5 Kindsmord/Situation der Frau
- Goethe: *Faust* (Gretchen); *Vor Gericht* (Gedicht)
- Klinger: *Das leidende Frau* (Theaterstück)
- Bürger: *Des Pfarrers Tochter von Taubenhain* (Ballade)

4 Sekundärliteratur

- Hinck, Walter (Hrsg.): Sturm und Drang. Frankfurt/M.: Athenäum, 1989.
- Huyssen, Andreas: Drama des Sturm und Drang. Kommentar zu einer Epoche. München: Winkler, 1980.
- Interpretationen. Dramen des Sturm und Drang. Stuttgart: Reclam, 1987.
- Luserke, Matthias: Sturm und Drang. Stuttgart: Reclam, 1997.
- Werner, Johannes: Gesellschaft in literarischer Form. Heinrich Leopold Wagners *Kindermörderin* als Epochen- und Methodenparadigma. Stuttgart: Reclam, 1977.

5 Anhang

5.1 Titelblatt der Erstausgabe

Die
Kindermörderinn
ein
Trauerspiel.
VI Aufzug pag 113
Leipzig,
im Schwickertschen Verlage.
1776.

5.2 Textauszug (Sechster Akt)

(…) *ich* bin die Hure, die Muttermörderinn; *du* bist noch nichts! – ein kleiner Bastert, sonst gar nichts; – *(mit verbißner Wuth.)* – sollst auch nie werden, was *ich* bin, nie ausstehn, was *ich* ausstehn muß – *(nimmt eine Stecknadel, und drückt sie dem Kind in Schlaf, das Kind schreyt ärger, es gleichsam zu überschreyn singt sie erst sehr laut, hernach immer schwächer.)*

Eya Pupeya!
Schlaf Kindlein! schlaf wohl!
Schlaf ewig wohl!
Ha ha ha, ha ha! *(wiegts auf dem Arm.)*
Dein Vater war ein Bösewicht,
Hat deine Mutter zur Hure gemacht;
Eya Pupeya!
Schlaf Kindlein! schlaf wohl!
Schlaf ewig wohl!
Ha ha ha, ha ha!

> Schläfst du, mein Liebchen, schläfst? – wie sanft! bald beneid ich dich Bastert, *so* schlafen Engel nur! – Was mein Liedchen nicht konnte! – säng mich doch auch jemand in Schlaf so! – Ha! ein Blutstropfen! den muß ich wegküssen, – noch *einer* ! – auch *den!* (*küßt das Kind an dem verwundeten Schlaf.*) – Was ist das? – süß! sehr süß! aber hinten nach bitter – ha, jetzt merk ichs – Blut meines eignen Kinds! – und das trink ich? – *(wirfts Kind aufs Bett)* Da schlaf, Gröningseck! schlaf! schlaf ewig! – bald werd ich auch schlafen – schwerlich so sanft als du einschlafen, aber wenns *ein*mal geschehn ist, ists gleichviel. – *(Man hört jemand.)* Gott! wer kommt? *(sie deckt das Kind zu, setzt sich daneben, und fällt, da sie ihren Vater kommen sieht, mit dem Gesicht aufs Kopfküßen.)*
>
> Aus: H. L. Wagner: Die Kindermörderin. Stuttgart: Reclam, 1987, S. 80

Sie sehen, dass sich die Referentin in unserem Beispiel Mühe gegeben hat, das Thesenpapier **ansprechend** zu gestalten. Deshalb hat sie das Titelblatt der Erstausgabe und den Textauszug übernommen.

Denken Sie beim Referat immer an die Zuhörer, die für jede Abwechslung dankbar sind. So hatten Schüler, die Brechts Theater als Referat umreißen sollten, die gute Idee, eine Hörprobe aus Brechts *Dreigroschenoper* zu präsentieren. *Und der Haifisch, der hat Zähne ...* begeisterte die Klasse, die sich auch über die Verschnaufpause freute.

Wie Sie die Quellenangabe am Ende des Thesenpapiers gestalten können, erfahren Sie im Kapitel „Beleg- und Zitiertechniken“ (S. 71 ff.).

Auf den Punkt gebracht

- Bei der Erstellung eines Referats erfolgt zunächst die **Materialsichtung**.
- Anschließend lesen Sie die Materialien sorgfältig durch und verfassen **Exzerpte**.
- Daraus erstellen Sie ein **Konzept**, das Sie inhaltlich ausfüllen.
- An Ihrem Konzept orientiert sich auch das **Thesenpapier** für die Zuhörer. Dabei achten Sie auf die äußere Form, auf eine präzise, strukturierte und verständliche Darstellung und auf eine genaue und vollständige Angabe Ihrer Quellen.

Aufgabe 15 Erstellen Sie ein Konzept für ein Referat zu Patrick Süskind und seinem Bestseller *Das Parfum*!

Beleg- und Zitiertechniken

Das Zitat, vor allem das geflügelte Wort, hat noch andere Aufgaben:
Es kann als eine Art geistiger Kurzschrift dienen. (Ludwig Reiners)

Sie haben sich vielleicht darüber gewundert, dass bereits mehrmals auf dieses Kapitel verwiesen wurde bzw. dass es zu diesem Bereich ein eigenes Kapitel gibt. Schüler neigen dazu, diesen (zugegebenermaßen eher formalistischen) Bereich zu übergehen. Auch im Unterricht wird ihm häufig zu wenig Beachtung geschenkt. Oft wird einfach vorausgesetzt, dass Schüler richtig zitieren und ein Literaturverzeichnis erstellen können, ohne dass diese Grundfertigkeiten wissenschaftlichen Arbeitens je Gegenstand des Unterrichts waren.

Schüler verfassen manchmal ganze Klausuren ohne ein einziges Zitat. Dies führt zu zweierlei Problemen:

- Der Schüler sichert seine individuelle Interpretation gegenüber dem Korrigierenden nicht genügend ab. So weiß der Lehrer nicht, worauf sich die Aussagen des Schülers eigentlich beziehen. Das führt zur Abwertung der Arbeit.
- Der Schüler selbst bindet seine Aussagen nicht eng genug an den Text. Gerade bei einer Textinterpretation kann dies leicht zu einer Themaverfehlung führen; die Interpretation geht „am Text vorbei".

Grundsätzlich gilt: Je enger eine Interpretation durch Belege an den Text angebunden ist, umso glaubwürdiger und überzeugender ist sie.

In diesem Kapitel lernen Sie zunächst, wie man die Interpretation mit Belegen absichert. Im zweiten Schritt wird es darum gehen, die Zitate richtig zu kennzeichnen. Schließlich lernen Sie, wie man ein Literaturverzeichnis erstellt, z. B für ein Referat oder eine Facharbeit.

1 Aus Primärliteratur zitieren

Nach dem Lesen der Einleitung haben Sie sich vielleicht geschworen, in Zukunft zu zitieren, dass sich die Balken biegen. Nie wieder Randbemerkung wie „Textbeleg fehlt." oder „Steht so nicht im Text." in Klausuren. Aber Achtung: Auch hier kommt es auf das richtige Maß und das „Wie" an!

Unter „Zitieren" versteht man die wörtliche oder sinngemäße Wiedergabe einer Stelle aus dem zu interpretierenden Text.

Ein Zitat hat die Aufgabe, die **Aussagen**, die Sie über den Text machen, zu **untermauern**, zu **stützen,** zu **belegen**. Zitate stellen dem Leser das Material vor, das Sie in Ihrer Interpretation untersuchen, auf das Sie sich beziehen und von denen aus Sie Ihre Aussagen begründen. Wenn Sie wichtige Textstellen zitieren, gehen Sie sicher, dass bei Ihrer Interpretation die Verbindung zum Text nicht verloren geht.

Wie zitiert man richtig? Hier gibt es mehrere Möglichkeiten:

- Wenn Ihnen eine Textstelle wirklich wichtig erscheint und sie bei Ihrer Deutung eine zentrale Rolle spielt, sollten Sie sie **wörtlich** zitieren: Sie übernehmen einen Textteil direkt. Sie dürfen also nichts weglassen oder hinzufügen! Um diese Übernahme zu kennzeichnen, setzt man sie in Anführungszeichen und gibt in Klammern die genaue Fundstelle an (Strophe, Seite, Zeile ...). Man kann ganze Sätze, Satzteile oder einzelne Wörter zitieren. Kürzt man das Zitat ab, wird dies durch Auslassungspunkte „..." gekennzeichnet. Auch grammatische Anpassungen, die sich durch die Einbindung des Zitats in den eigenen Text ergeben, werden gekennzeichnet, indem Ergänzungen von Buchstaben in Klammern gesetzt werden.
- Beim **sinngemäßen** Zitieren verweist man auf eine Textstelle, ohne sie wortwörtlich zu zitieren. Man gibt in eigenen Worten den Inhalt einer Textpassage wieder und gibt dann in Klammern die Stelle an, auf die man sich bezieht („vgl. Seite xy", „siehe Zeile x–y"). Gerade für längere Textstellen ist dies sinnvoll, Ihre Interpretation ist schließlich keine Abschreibübung.

Jedes Zitat sollte möglichst geschickt in den Deutungszusammenhang eingebettet werden. Möglich sind Vorausstellung, Einbindung und Nachstellung.

Beispiele

„Aber das tu ich ja schon jetzt" (Z. 119), so lautet die Antwort des Fischers auf die hochfliegenden Pläne des Touristen. Mit dieser Entgegnung macht Böll deutlich, dass das Streben der Menschen in den so genannten Industrieländern nicht die einzig richtige Form der Lebensgestaltung ist. Der Fischer genießt sein Leben schon heute, er braucht das viele Geld nicht, um irgendwann einmal später seinen Lebensabend zu genießen.

vorangestelltes wörtliches Zitat

Heinrich Böll erzählt in seiner *Anekdote zur Senkung der Arbeitsmoral* von „ein[em] schick angezogen[en] Tourist[en]" (S. 31, Z. 3 f.), der sich mit einem einheimischen Fischer unterhält.

eingebettetes wörtliches Zitat mit grammatischen Anpassungen

Zu Beginn wird eine kurze idyllische Landschaftsbeschreibung gegeben. Das Einzige, was diese Idylle stört, ist der Tourist mit seinem Fotoapparat: „Das spröde, fast feindselige Geräusch weckt den dösenden Fischer (...)" (Z. 12 f.)

nachgestelltes wörtliches Zitat mit Auslassung

„Klick" (Z. 9, 10 und 11) ist dabei ein Schlüsselwort, das harte „K" und das aufdringliche „i" bewirken die Zerstörung der idyllischen Ruhe.

Zitat eines einzigen Wortes

Der Autor beschreibt anschließend in einem langen Passus mit vielen Details die ausgelassene Stimmung bei der Familienfeier (vgl. S. 14, Z. 12–43).

sinngemäßes Zitat

Auf den Punkt gebracht

- Das Zitat ist eine wörtliche oder sinngemäße Wiedergabe einer Textstelle. Es dient dazu, die eigene Deutung abzusichern oder das Material vorzustellen, das man bearbeitet.
- Man kann einzelne Wörter, Satzteile oder ganze Sätze zitieren. Möglich sind Vorausstellung, Einbindung und Nachstellung des Zitats.
- Beim wörtlichen Zitat wird die Textstelle in Anführungszeichen gesetzt; in Klammern wird anschließend die Fundstelle (Seite, Zeile, Vers o. Ä.) genannt. Auslassungen werden durch Auslassungspunkte, grammatische Änderungen durch Klammern gekennzeichnet.
- Das sinngemäße Zitat gibt eine Textstelle mit eigenen Worten wieder und verweist dann in Klammern auf den Fundort.

Aufgabe 16 Lesen Sie die folgende Kurzgeschichte durch. Belegen Sie folgende Aussagen durch die Verwendung von Textzitaten:

- Der Mann fühlt sich in seiner augenblicklichen Lebenssituation unwohl.
- Er malt sich die Reaktionen seiner Frau auf sein Fortgehen aus.
- Dieses Wort ist ein Schlüsselwort in dieser Kurzgeschichte, weil es die Sehnsucht des Mannes ausdrückt.

Verwenden Sie dabei jeweils einmal Vorausstellung, Einbindung, Nachstellung.

Peter Bichsel: San Salvador (1964)

Er hatte sich eine Füllfeder gekauft.

Nachdem er mehrmals seine Unterschrift, dann seine Initialen, seine Adresse, einige Wellenlinien, dann die Adresse seiner Eltern auf ein Blatt gezeichnet hatte, nahm er einen neuen Bogen, faltete ihn sorgfältig und schrieb: „Mir ist es hier zu kalt“, dann, „ich gehe nach Südamerika“, dann hielt er inne, schraubte die Kappe auf die Feder, betrachtete den Bogen und sah, wie die Tinte eintrocknete und dunkel wurde [in der Papeterie garantierte man, daß sie schwarz werde], dann nahm er seine Feder erneut zur Hand und setzte noch seinen Namen Paul darunter.

Dann saß er da.

Später räumte er die Zeitungen vom Tisch, überflog dabei die Kinoinserate, dachte an irgend etwas, schob den Aschenbecher beiseite, zerriß den Zettel mit den Wellenlinien, entleerte seine Feder und füllte sie wieder. Für die Kinovorstellung war es jetzt zu spät.

Die Probe des Kirchenchores dauert bis neun Uhr, um halb zehn würde Hildegard zurück sein. Er wartete auf Hildegard. Zu all dem Musik aus dem Radio. Jetzt drehte er das Radio ab.

Auf dem Tisch, mitten auf dem Tisch, lag nun der gefaltete Bogen, darauf stand in blauschwarzer Schrift sein Name Paul.

„Mir ist es hier zu kalt“, stand auch darauf.

Nun würde also Hildegard heimkommen, um halb zehn. Es war jetzt neun Uhr. Sie läse seine Mitteilung, erschräke dabei, glaubte wohl das mit Südamerika nicht, würde dennoch die Hemden im Kasten zählen, etwas müßte ja geschehen sein.

Sie würde in den „Löwen“ telefonieren.

Der „Löwen“ ist mittwochs geschlossen.

Sie würde lächeln und verzweifeln und sich damit abfinden, vielleicht.

Sie würde sich mehrmals die Haare aus dem Gesicht streichen, mit dem Ringfinger der linken Hand beidseitig der Schläfe entlang fahren, dann langsam den Mantel aufknöpfen.

Dann saß er da, überlegte, wem er einen Brief schreiben könnte, las die Gebrauchsanweisung für den Füller noch einmal – leicht nach rechts drehen – las auch den französischen Text, verglich den englischen mit dem deutschen, sah wieder seinen Zettel, dachte an Palmen, dachte an Hildegard.

Saß da.

Und um halb zehn kam Hildegard und fragte: „Schlafen die Kinder?“

Sie strich sich die Haare aus dem Gesicht.

Aus: P. Bichsel, Eigentlich möchte Frau Blum den Milchmann kennenlernen. © Suhrkamp Verlag Frankfurt am Main 1993

2 Aus Sekundärliteratur zitieren

In Klausuren haben Sie in der Regel ausschließlich den Primärtext vor sich liegen, aus dem Sie zitieren. Hier reicht es vollkommen, als Fundstelle die entsprechende Seite und die Zeilen anzugeben.

Etwa bei Referaten und Facharbeiten übernehmen Sie aber auch Textstellen aus der Sekundärliteratur (Bücher, Aufsätze etc. zu dem Thema, das man bearbeitet). Zitate aus der Sekundärliteratur geben zu erkennen, dass Sie sich umfassend mit den **Forschungsergebnissen zu Ihrem Themenbereich** auseinander gesetzt haben. Ausgewählte Textzitate aus der Sekundärliteratur können Ihre eigenen Ergebnisse untermauern, belegen oder die Herkunft einzelner Gedanken angeben. Man kann ein Zitat aber auch anführen, um die eigene, ggf. gegenteilige Meinung zu profilieren.

Grundsätzlich gelten hierfür die gleichen Regeln wie für das Zitieren aus der Primärliteratur: Das Original muss im **wörtlichen** Zitat wortgetreu und vollständig wiedergegeben werden, Auslassungen und Änderungen müssen gekennzeichnet werden. Auch hier empfiehlt sich bei der Übernahme größerer Passagen das **sinngemäße** Zitieren, d. h. die zusammenfassende Wiedergabe eines Gedankenkomplexes in eigenen Worten. In Klammern oder in einer Fußnote wird die Quelle angegeben.

Achten Sie vor allem beim Zitieren aus der Sekundärliteratur darauf, dass Sie nicht zu ausführlich zitieren. Sonst besteht die Gefahr, dass Ihr eigener Gedankengang hinter einer Ansammlung von Zitaten nicht mehr erkennbar ist. Prüfen Sie bei jedem Zitat genau, ob es wirklich zur Profilierung Ihres Gedankengangs beiträgt. Reißen Sie Zitate nicht aus ihrem ursprünglichen gedanklichen Zusammenhang – die Aussage des Zitats wird sonst leicht verfälscht. Können Sie ein Zitat nicht im Original einsehen und den Wortlaut überprüfen, müssen Sie dies durch den Vermerk „zitiert nach …“ deutlich machen.

Bei Textübernahmen aus der Sekundärliteratur ist es mit der Angabe der zitierten Seiten bzw. Zeilen nicht getan. Als Fundstelle müssen die entsprechenden Quellen (Bücher, Aufsätze o. Ä.) in einer Fußnote genau angegeben werden.

Welche Elemente gehören nun zu einer **vollständigen Quellenangabe?** Vielleicht ist Ihnen bei neueren Büchern einmal aufgefallen, dass auf der Rückseite der Haupttitelseite ein sog. „CIP" abgedruckt ist, z. B.

Die Deutsche Bibliothek – CIP-Einheitsaufnahme
Dürscheid, Christa:
Germanistik: eine Einführung/
Christa Dürscheid; Hartmut Kircher; Bernhard Sowinski. –
2., durchges. Aufl. – Köln; Weimar; Wien: Böhlau, 1995
(Böhlau-Studienbücher: Grundlagen des Studiums)
ISBN 3-412-09093-X
NE: Kircher, Hartmut; Sowinski, Bernhard

„**C**ataloging **I**n **P**ress" bedeutet, dass die Deutsche Bibliothek die Titelaufnahme anhand der Angaben des Verlages gemacht hat. (Übrigens ist jeder Verlag in Deutschland dazu verpflichtet, ein Exemplar jedes gedruckten Buches an die Nationalbibliothek zu schicken, damit so der Buchbestand einer Nation vollständig gesammelt und dokumentiert ist.)

Das „CIP" enthält alle bibliographischen Angaben, die wir für eine vollständige Quellenangabe brauchen. Zunächst wird der **Name der Autorin** genannt, er ist fett gedruckt. Nach dem Doppelpunkt erfolgt die Angabe des **Buchtitels**, nach dem zweiten Doppelpunkt der **Untertitel**. Nach dem Schrägstrich taucht erneut der Name der Autorin auf, daneben noch zwei weitere Namen, dieses Buch hat also drei **Verfasser**. (Bei mehr als drei Verfassern verzeichnet die Bibliothek das Buch unter seinem Sachtitel und nennt dann erst nach dem Bindestrich die Autoren.) Die Nennung der **Auflage** ist insofern wichtig, als sie zu erkennen gibt, ob das Buch eine Erstauflage oder schon ein „Klassiker" mit 20 Auflagen ist. Köln, Weimar und Wien sind die **Erscheinungsorte**, also die Städte, in denen der nach dem Doppelpunkt genannte Verlag (hier Böhlau) ansässig ist. Dann erfolgt das **Erscheinungsjahr**, 1995. In den runden Klammern lesen Sie die **Reihe**, innerhalb derer das Buch erschienen ist, in diesem Fall „Böhlau-Studienbücher: Grundlagen des Studiums". Die „**I**nternational **S**tandard **B**ook **N**umber" finden Sie in der Regel auch nochmals auf dem hinteren Buchumschlag. Wenn Sie ein Buch in der Buchhandlung bestellen, reicht dazu die Angabe dieser **ISBN-Nummer** aus. Die letzte Angabe ist der **Nebeneintrag** („NE"). Er zeigt an, dass im Autorenkatalog diese Karte noch zweimal zu finden ist: einmal unter „Kircher, Hartmut" und einmal unter „Sowinski, Bernhard", da diese als Mitautoren ein Anrecht auf eine eigene Katalogkarte haben.

Welche Elemente davon brauchen Sie nun für Ihre Quellenangabe? – Fast alle, Sie lassen nur das weg, was für Bibliothekare und Buchhändler zusätzlich wichtig ist (wiederholte Nennung der Autoren, ISBN, NE).

Sie werden in den verschiedenen Werken unterschiedliche Anordnungen der einzelnen Angaben finden: einige nennen die Auflage nicht, andere wiederum lassen den Verlag weg. Einige schreiben Komma zwischen Verlagsort und Verlagsnamen, andere einen Punkt usw. Wichtig ist für Sie vor allem, dass Sie Ihre **Quellenangaben einheitlich gestalten**.

Bewährt hat sich diese Abfolge:
- Name(n) des/der Autors(en) bzw. des/der Herausgeber(s)
- vollständiger Buchtitel
- vollständiger Untertitel (falls vorhanden)
- Verlagsort (falls nicht angegeben: „o. O.“: ohne Ort; sind mehrere Verlagsorte angegeben, können Sie abkürzen, z. B. „München u. a.“: und andere)
- Verlagsname
- Erscheinungsjahr, Auflage als Hochzahl (falls nicht angegeben: „o. J.“: ohne Jahr; ist nur das Jahr angegeben, in dem der Verlag die Rechte gekauft hat: z. B. „c 1998“: Copyright plus Jahreszahl)
- Reihentitel in Klammern (falls vorhanden)
- (bei Aufsätzen) Seitenangabe für den gesamten Aufsatz
- Seite(n), auf denen sich das Zitat befindet

Wenn Sie ein Werk mehrmals zitieren, dann schreiben Sie beim ersten Mal eine vollständige Quellenangabe. Bei den weiteren Malen können Sie nach der Nennung des Titels „a. a. O.“ (am angegebenen Ort) abkürzen. Die Seitenzahl müssen Sie allerdings noch ergänzen.

Beispiele

Payrhuber, Franz-Josef: Bertolt Brecht. Stuttgart: Reclam, 1995 (Literaturwissen für Schule und Studium)	*Ein Autor, ein Buch*
Dürscheid, Christa; Kircher, Hartmut; Sowinski, Bernhard: Germanistik. Eine Einführung. Köln u. a.: Böhlau, 1995^{2} (Böhlau-Studienbücher: Grundlagen des Studiums). S. 15	*mehrere Autoren, ein Buch*
Köppert, Christine: Innere Bilder zu „laufenden Bildern“. Wahrnehmung, Vorstellungsbildung, vorstellungsgetragene Deutung am Beispiel von *Schindlers Liste*. In: Praxis Deutsch. 26. Jg. Heft 154. 1999. S. 53–59, hier S. 56	*Aufsatz in einer Zeitschrift*
Richter, Karl: „Arm oder reich“. Zur späten Lyrik Fontanes. In: Häntzschel, Günter (Hrsg.): Vom Biedermeier zum Bürgerlichen Realismus. Stuttgart: Reclam, 1984. S. 435–446	*Aufsatz in einem Sammelband mit Herausgeber*

Auf den Punkt gebracht

- Sichern Sie Ihre Aussagen in Referaten und Facharbeiten ab, indem Sie zentrale Textstellen aus der Sekundärliteratur zitieren.
- Geben Sie zu jedem Zitat aus der Sekundärliteratur in einer Fußnote die genaue „Fundstelle" an. Diese Quellenangabe umfasst die vollständigen bibliographischen Angaben des Buches oder Aufsatzes, aus dem das Zitat stammt.
- Wenden Sie für die Quellenangaben durchgehend ein einheitliches Schema an.

Aufgabe 17 Erstellen Sie aus folgenden bibliographischen Angaben die Quellenangabe.

- Aus dem Aufsatz „Wolfgang Koeppens Essayistik. Gratwanderung zwischen konservativer Erzählhaltung und Unendlichkeit des sich selbst verlierenden Sprechens" von Dagmar von Briel zitieren Sie die Seiten 113–114. Der Aufsatz befindet sich in folgendem Buch auf den Seiten 109–121. Auf der Haupttitelseite des Buches steht:

  Wolfgang Koeppen
  Herausgegeben von Eckart Oehlenschläger
  suhrkamp taschenbuch
  materialien

  Auf der Rückseite der Haupttitelseite steht:

  suhrkamp taschenbuch 2079
  Erste Auflage 1987
  c Suhrkamp Taschenbuch Verlag, Frankfurt/Main
  Alle Rechte vorbehalten,
  insbesondere das des öffentlichen Vortrags,
  der Übertragung durch Rundfunk und Fernsehen
  sowie der Übersetzung, auch einzelner Teile.
  Satz: Hümmer, Waldbüttelbrunn
  Druck: Nomos Verlagsgesellschaft, Baden-Baden
  Printed in Germany
  Umschlag nach Entwürfen von
  Willy Fleckhaus und Rolf Staudt

- Aus folgendem Buch zitieren Sie die Seite 94:

  Die Deutsche Bibliothek – CIP-Einheitsaufnahme
  Gesing, Fritz:
  Kreativ schreiben: Handwerk und Techniken des Erzählens/
  Fritz Gesing. – Erstveröff. – Köln: DuMont, 1994
  (DuMont-Taschenbücher; Bd. 306)
  ISBN 3-7701-3375-7 NE: GT

3 Literaturverzeichnis

Das obligatorische Literaturverzeichnis am Ende einer Facharbeit oder eines schriftlich ausgearbeiteten Referats listet **alle** Artikel, Aufsätze und Bücher auf, die Sie zur Bearbeitung Ihres Themas herangezogen haben – also nicht nur die, aus denen Sie wörtlich zitieren.

Sie dokumentieren hier, wie umfassend Sie sich informiert haben (aber nicht hochstapeln: Führen Sie nur die Werke an, die Sie tatsächlich zu Rate gezogen haben!). Aus dem Literaturverzeichnis kann man ersehen, wer Sie geistig beeinflusst hat und auf welcher Materialgrundlage Ihre Arbeit entstanden ist.

Die vollständigen (!) Quellenangaben aller benutzten Werke (siehe S. 75 ff.) werden **alphabetisch nach den Verfassern bzw. Herausgebern** (wenn diese fehlen, nach dem Sachtitel) geordnet. Im Prinzip funktioniert dies genauso wie in dem alphabetischen Katalog in der Bibliothek.

Es empfiehlt sich, die Literaturangaben strukturiert zu ordnen: jeweils eine Sparte für die verwendete **Primärliteratur** und eine Sparte für die ausgewertete **Sekundärliteratur** (wissenschaftliche Literatur zum Thema). Bei sehr umfangreichen Literaturverzeichnissen ist es hilfreich und übersichtlich, die Sekundärliteratur nochmals zu untergliedern. Mögliche Kategorien sind hier: Biografien, Nachschlagewerke, Epochendarstellungen, Werke zu einem Primärwerk, Internetseiten. Umfasst das Literaturverzeichnis aber nur zehn Einträge, dann lohnt sich diese Feinunterteilung nicht.

Notieren Sie beim Exzerpieren immer sehr sorgfältig die bibliographischen Angaben oder kopieren Sie das CIP. Es ist wirklich zu ärgerlich, wenn man aufgrund einer unvollständigen Quellenangabe ein schönes Zitat nicht verwenden kann oder nochmals in die Bibliothek gehen muss.

Sollten Sie einen Text aus dem Internet zitieren, dann geben Sie die komplette Internet-Adresse an. So kann man zur Überprüfung die Seite schnell aufrufen.

Beispiele

Strukturiertes Literaturverzeichnis

Primärliteratur

Mann, Klaus: Kind dieser Zeit. Reinbek bei Hamburg: Rowohlt, 1983.

Sekundärliteratur

Naumann, Uwe: Klaus Mann. Mit Selbstzeugnissen und Bilddokumenten. Reinbek bei Hamburg: Rowohlt, 1984.

Neumann, Harald: Klaus Mann. Eine Psychobiographie. Stuttgart: Kohlhammer, 1995.

Petersen, Carol: Klaus Mann. Berlin: Morgenbuch, 1996. (Köpfe des XX. Jahrhunderts)

Strukturiertes Literaturverzeichnis mit Feinunterteilung

Primärliteratur

Mann, Klaus: Kind dieser Zeit. Reinbek bei Hamburg: Rowohlt, 1983.

Sekundärliteratur

Biografien zu Klaus Mann:

Naumann, Uwe: Klaus Mann. Mit Selbstzeugnissen und Bilddokumenten. Reinbek bei Hamburg: Rowohlt, 1996.

Neumann, Harald: Klaus Mann. Eine Psychobiographie. Stuttgart: Kohlhammer, 1995.

Petersen, Carol: Klaus Mann. Berlin: Morgenbuch, 1996. (Köpfe des XX. Jahrhunderts)

Schaenzler, Nicole: Klaus Mann. Eine Biographie. Frankfurt am Main: Campus, 1999.

Stohmeyr, Armin: Klaus Mann. München: dtv, 2000.

Nachschlagewerke:

Encarta 99. Enzyklopädie Plus. Microsoft, 1999.

Metzler Literatur Lexikon. Begriffe und Definitionen. Hrsg. von G. und I. Schweikle. Stuttgart: Metzler und Poeschel, ^{2}1990.

Wilpert, Gero von: Sachwörterbuch der Literatur. Stuttgart: Kröner, ^{6}1979. (Kröners Taschenausgabe; Bd. 231)

Sekundärliteratur zu den Werken Klaus Manns:

Arnold, Heinz Ludwig (Hrsg.): Klaus Mann. Text und Kritik. 1996.

Schaenzler, Nicole: Klaus Mann als Erzähler. Paderborn: Igel, 1995.

Thiel, Marlis: Klaus Mann. Die Sucht, die Kunst und die Politik. Pfaffenweiler: Centaurus, 1998.

Internetseiten:

http://www.literaturkritik.de/txt/1999-06-43.html

http://www.br-online.de/bayern2/duwelt/manuskripte/16 05 1999faustus.html

http://members. tripod.de.Klaus Mann/

Auf den Punkt gebracht

- Das Literaturverzeichnis ist die vollständige Auflistung aller zu einem Thema gelesenen Werke (Bücher und Aufsätze). Diese werden alphabetisch (nach dem Verfasser) geordnet.
- Primär- und Sekundärwerke werden getrennt verzeichnet. Ist das Literaturverzeichnis umfangreich, lohnt sich die Strukturierung der Sekundärliteratur nach Themengebieten.

Aufgabe 18 Erstellen Sie ein Literaturverzeichnis zu Fontanes *Effi Briest* (acht bis zehn Titel).

Mündliche Techniken

Menschen durch das gesprochene Wort zu fesseln, gibt ein Gefühl der Stärke, der Macht. (Dale Carnegie)

Nachdem Sie nun alle relevanten schriftlichen Techniken kennen gelernt haben, soll auch ein Kapitel der mündlichen Beteiligung gewidmet werden.

In der Oberstufe errechnet sich Ihre Deutschnote aus 50 Prozent Schriftlichkeit (Klausuren) und 50 Prozent sonstiger Mitarbeit. Hierzu gehören Ihre Beiträge im Unterricht, Ihre Hausaufgaben und sonstige Leistungen wie Referate, Stundenprotokolle o. Ä. Durch aktive Mitarbeit im Kurs können Sie die Hälfte der Note erwirtschaften – eine Chance, die leider viel zu wenig genutzt wird!

Gehören Sie auch zu der breiten schweigenden Masse („Alle schlafen, einer spricht, und das nennt sich Unterricht")? Das sollten Sie ändern! Nicht nur, dass sich Ihre Noten bei aktiver Beteiligung verbessern und Sie Ihr Wissen vergrößern – Sie werden auch merken, dass die Stunde schneller vergeht. (Sodass es sogar vorkommt, dass Sie in der Pause noch weiter diskutieren!)

Im ersten Unterkapitel erhalten Sie eine Checkliste für die mündliche Beteiligung. Sie können sie kopieren und am Ende der Deutschstunde ausfüllen – so überprüfen Sie Ihr Beteiligungsverhalten und können es gegebenenfalls ändern.

Dann wird Ihnen gezeigt, wie Sie im Unterricht einen Vortrag (z. B. ein Referat) halten, welche Vorbereitungen Sie zu Hause dafür treffen können und welche Maßnahmen Sie in der Stunde beachten sollten.

Schließlich untersuchen wir noch eine mündliche Situation, wie sie im Deutschunterricht immer wieder auftritt: die Diskussion als Rollenspiel. Hier erfahren und üben Sie, wie Sie so eine Diskussion mitgestalten können.

1 Mitarbeit

Ihre Arbeit im Deutschunterricht ist komplexer, als Ihnen vielleicht bewusst ist. Sie müssen drei Aufgaben erfüllen:

- **Mitdenken:** Sie verfolgen das Unterrichtsgeschehen, die Ideen, Meinungen und Interpretationen, versuchen sie nachzuvollziehen und zu verstehen. Das genaue Zuhören und Verarbeiten sind die Grundvoraussetzungen für eine erfolgreiche und dauerhafte Verankerung des Stoffes im Gedächtnis.

- **Mitreden:** Sie bringen Ihre eigene Meinung ein, begründen Ihren Standpunkt und Ihre Interpretation. Sie stellen Fragen zu den Bereichen, die Sie nicht verstanden haben. Sie fassen Ergebnisse zusammen.

- **Mitschreiben:** Sie machen sich während des Unterrichts Notizen zu dem Gesagten, unterstreichen und kommentieren Belegstellen im Text. Ihre Notizen bilden die Grundlage für die Vorbereitung auf die nächste Klausur und für die Wiederholung für das Abitur.

Für die **Unterrichtsmitschrift** hat sich folgendes Raster bewährt:

<table>
<tr><td colspan="2">Kurs:
Datum:
Thema:</td></tr>
<tr><td>Notizen in Stichwörtern</td><td>Schlüsselwörter</td></tr>
<tr><td colspan="2">Offene Fragen, Kommentare, Quellenangaben</td></tr>
<tr><td colspan="2">Hausaufgabe</td></tr>
</table>

Am besten Sie kopieren sich dieses Raster im DIN-A4-Format (oder Sie erstellen sich selbst ein auf Ihre Bedürfnisse ausgerichtetes Raster am Computer) und vervielfältigen es. So gestalten Sie Ihre Aufzeichnungen einheitlich und übersichtlich. Damit Ihre Unterrichtsmitschriften brauchbar, d.h. auch nach längerer Zeit noch nachvollziehbar sind, sollten Sie

- jedes Blatt mit einem Datenvorspann (Kurs, Datum, Thema) versehen,
- nicht wortwörtlich in ganzen Sätzen, sondern stichpunktartig mitschreiben,
- wichtige Fachbegriffe und Schlüsselwörter notieren,
- neben den Sachinformationen auch Ihre persönlichen Eindrücke, offenen Fragen, Kommentare etc. festhalten.

Mithilfe dieser Checkliste können Sie Ihre **mündliche Mitarbeit** überprüfen:

	Ja	Nein
1. Ich melde mich mindestens einmal pro Stunde.		
2. Ich bin bereit, meine Hausaufgaben vorzutragen.		
3. Ich melde mich früh in der Deutschstunde.		
4. Ich schaue die Zuhörer beim Sprechen an.		
5. Ich stelle Fragen, wenn ich etwas nicht verstanden habe.		
6. Ich nenne Textbelege bei der Interpretation.		
7. Ich vertrete meine eigene Meinung mit Selbstbewusstsein.		
8. Ich verteidige auch schon einmal eine Meinung, die ich nicht vertrete.		
9. Ich fasse am Ende der Stunde die Ergebnisse zusammen.		

Sie haben sicherlich gleich gemerkt: je mehr „ja“, umso besser! Überlegen wir einmal, warum. Dafür gehen wir Punkt für Punkt durch.

Punkt 1: Diese Aussage sollten Sie zur festen Regel für sich selbst ernennen. Gerade wenn Sie zu den stilleren Charakteren gehören: Wenn Sie sich zwingen, sich einmal pro Stunde zu melden, versinken Sie in den Augen des Lehrers nicht in die breite Masse der Verstummten, er wird Ihre Bemühungen honorieren, sich mindestens einmal in jeder Stunde am Geschehen zu beteiligen. Und vielleicht wird aus dem einen Mal auch ein zweites oder drittes Mal ...?

Punkt 2: Diesen Ratschlag sollten Sie besonders dann beherzigen, wenn Sie zu den eher zurückhaltenden oder ängstlichen Schülern gehören, die sich scheuen, vor der Klasse frei zu sprechen. Hausaufgaben haben Sie, wie der Name schon sagt, zu Hause in Ruhe vorbereitet. Sie konnten alle Fragen gründlich überdenken. Das Erarbeitete brauchen Sie im Unterricht „nur“ noch vorzulesen.

Punkt 3: In der Stunde ist zumeist eine Progression angelegt, d. h. mit zunehmender Zeit werden die Fragen und Problemstellungen komplexer und differenzierter. Wenn Sie sich also bereits relativ früh in der Stunde einschalten, befinden Sie sich noch im „grünen“ Bereich. Und wenn Sie dann von Anfang an mitdenken, dann schaffen Sie auch den „roten“!

Punkt 4: Wenn Sie beim Sprechen krampfhaft auf Ihre Notizen starren und dann auch noch leise und undeutlich sprechen, verlieren die Zuhörer das Interesse und werden unruhig. Sie selbst werden dadurch verunsichert, ein Teufelskreis entsteht, Ihr Beitrag wird gar nicht richtig wahrgenommen. Schauen Sie also beim Reden in die Runde! Gerade wenn Sie zu der Position eines Kursteilnehmers Stellung beziehen, blicken Sie ihm ins Gesicht und/oder reden ihn direkt an („Andrea, du hast gesagt, dass der Protagonist aus Verzweiflung so gehandelt hat. Das sehe ich anders, denn ...“). Wenn Sie einmal ins Stocken geraten, weil Sie eben nicht ablesen, sondern frei sprechen, dann macht das nichts!

Punkt 5: Hinterfragen Sie, was Ihnen unklar erscheint. Man wird Sie deshalb nicht für dumm halten, im Gegenteil: Damit signalisieren Sie, dass Sie dem Unterrichtsgeschehen folgen. Ihre Mitschüler werden Ihnen dankbar sein, denn sie hatten möglicherweise dieselbe Frage, haben sich aber nicht getraut, sie zu stellen. Aber Achtung: Es gibt Schüler, deren Redebeiträge nur aus Fragen bestehen. Sie versuchen damit beispielsweise ihre mangelhafte Vorbereitung zu überspielen. Lehrer und Mitschüler haben sehr schnell herausgefunden, wer um des Fragens willen und wer aus Interesse fragt!

Punkt 6: Textbelege im Rahmen eines Interpretationsgesprächs zu liefern, ist eine gute Möglichkeit, sich in den Unterricht einzubringen, gerade dann, wenn man im Moment keine eigenen Ideen zur Interpretation hat. So zeigen Sie, dass Sie das Unterrichtsgeschehen verfolgen und verstehen. Und vielleicht kommt Ihnen beim Vorlesen der Textstelle ja doch noch eine Interpretationsidee ...?

Punkt 7: Haben Sie Mut zur eigenen Meinung, gerade dann, wenn sie nicht der der Mitschüler oder des Lehrers entspricht! Tragen Sie Ihren Standpunkt selbstbewusst vor und verwenden Sie keine unpersönlichen Formulierungen, hinter denen Sie sich verstecken können („Man könnte meinen, dass der Autor hier ...“). Sagen Sie „*ich* meine“, wenn es Ihre Meinung ist.

Punkt 8: Manchmal ist es richtig spannend, die Rolle des „advocatus diaboli“ zu übernehmen. Darunter versteht man, dass jemand eine Meinung verteidigt, die er selbst gar nicht teilt. Eine Diskussion wird erst sinnvoll, wenn es mindestens zwei Meinungen gibt. Deshalb ist es richtig, auch einmal eine Gegenposition in den Raum zu stellen und zu begründen, die man selbst nie einnehmen würde. Des Weiteren zeugt es von Einfühlungs- und Abstraktionsvermögen, wenn Sie auch einmal für die Gegenseite ein Argument einbringen.

Punkt 9: Am Ende der Deutschstunde werden oft zur Sicherung die Ergebnisse nochmals zusammengefasst. Das überlässt der Lehrer in der Regel den Schülern – so kann er auch überprüfen, ob die Inhalte richtig verstanden worden sind. Hier besteht eine gute Möglichkeit sich zu melden, wenn Sie in der Stunde mitgedacht und mitgeschrieben haben. Nutzen Sie diese Gelegenheit!

Zum Schluss noch ein Tipp: Auch Ihre **Körperhaltung** signalisiert Ihre Beteiligung. Wenn Sie halb über den Tisch liegen, können Sie schlecht zuhören und mitschreiben. **Aktives Zuhören** beginnt mit einer richtigen Körperhaltung!

Auf den Punkt gebracht

- Versuchen Sie den Unterricht aktiv mitzugestalten: Wenn Sie „mitdenken – mitreden – mitschreiben“, vergeht die Zeit wie im Flug.
- Melden Sie sich mindestens einmal pro Stunde, die Möglichkeiten sind vielfältig: Tragen Sie Hausaufgaben vor, stellen Sie Fragen, bringen Sie eine eigene Meinung ein, nennen Sie Textbelege oder fassen Sie die Ergebnisse zusammen.
- Sprechen Sie klar und deutlich, schauen Sie dabei Ihre Mitschüler (und den Lehrer) an.

Aufgabe 19 Gestalten Sie den Deutschunterricht aktiv mit!
Kopieren Sie die Checkliste zur mündlichen Mitarbeit (S. 84) mehrmals und füllen Sie sie jeweils nach der Deutschstunde aus. Zu welchem Ergebnis kommen Sie bezüglich Ihrer mündlichen Mitarbeit?

2 Vortrag

Es wird im Deutschunterricht immer wieder vorkommen, dass Sie einen „Vortrag“ halten sollen. Sei es, dass Sie eine umfangreichere Hausaufgabe oder ein Stundenprotokoll vorlesen, eine selbst geschriebene Rede vortragen oder ein Referat halten.

Zur Demonstration sei das Referat ausgewählt, da es die komplexeste Form des Vortrags ist. Die umfassenden Vorarbeiten eines Referats von der Materialbeschaffung und -auswertung bis zur Erstellung eines Thesenpapiers wurden in den vorigen Kapiteln bereits ausführlich beschrieben. In diesem Kapitel nun steht der mündliche Vortrag selbst, das sachgerechte und zugleich hörerbezogene Informieren im Mittelpunkt. Sie erinnern sich an das Referat zu Heinrich Leopold Wagner und seinem Theaterstück *Die Kindermörderin* (siehe S. 65 ff.)? Stellen wir uns also vor, Sie müssen dieses Referat vortragen. Was ist zu tun?

- **Die Vorbereitung des mündlichen Vortrags zu Hause**
  Aus Unsicherheit schreiben Schüler häufig als Referat einen ausformulierten Text, den sie dann in der Schule ablesen. Wie langweilig und ermüdend für die armen Zuhörer! Ein mündlicher Vortrag erfordert eine andere Sprachform als schriftliche Ausarbeitungen. Denn Schriftsprache und gesprochene Sprache folgen aufgrund der unterschiedlichen Kommunikationssituationen ganz verschiedenen Gesetzen. Wenn Sie einen übersichtlichen Stichwortzettel (siehe S. 66 ff.) anlegen und den mündlichen Vortrag zu Hause intensiv üben, kann beim **freien Sprechen** fast nichts schief gehen. Wenn Ihr Vortrag auch einmal ins Stocken gerät oder etwas schleppend wirkt, da das freie Formulieren natürlich Zeit zum Nachdenken braucht, so ist das kein Grund zur Beunruhigung: Auch die Zuhörer benötigen schließlich Zeit, dem Gehörten zu folgen. Außerdem wirkt ein freier Vortrag viel lebendiger als ein abgelesenes Referat.
  Nehmen Sie also Ihren Stichwortzettel und üben den Vortrag zu Hause. Sie können dies vor dem Spiegel tun, um **Haltung, Gestik und Mimik** zu überprüfen: Stehen Sie gerade? Stehen Sie bequem? Wohin mit dem Stichwortzettel? Schauen Sie den Spiegel von Zeit zu Zeit an? Schauen Sie freundlich oder verbissen? Reden Sie den Spiegel auch einmal an?
  Untersuchen Sie dann Ihren **Stichwortzettel** auf die „neuralgischen“ Stellen: Wo sind Sie stecken geblieben? Wo fehlte Ihnen ein Verb, um den Satz zu bilden, wo eine Überleitung? Wo waren Brüche? Wo waren Ergänzungen, Erweiterungen oder auch Streichungen notwendig? Notieren Sie dies

auf dem Zettel, am besten in einer anderen Farbe. Achten Sie aber darauf, dass der Zettel übersichtlich bleibt, schreiben Sie ihn ggf. noch einmal neu. Üben Sie mehrmals den Vortrag, so lange, bis Sie sich sicher fühlen. Stoppen Sie auch einmal die Zeit, damit Sie die **Vortragsdauer** einschätzen können. Eine hervorragende Methode, das gute Vortragen zu erlernen, ist die Aufzeichnung mit einer **Videokamera.** Werten Sie das Video in mehreren Durchgängen nach folgenden Kriterien aus: Körperhaltung, Stimmführung, Blickkontakt, inhaltliche Darstellung, Gesamteindruck. Oder Sie nehmen sich selbst mit dem **Kassettenrekorder** auf und hören anschließend das Band ab. So erkennen Sie Bruchstellen, Unsicherheiten, undeutliches Sprechen (zu leise, zu schnell), eintönige Stimme, unnötige „Ähs", fehlende Pausen usw. Vielleicht findet sich auch eine **„Testperson"**, der Sie das Referat vortragen können und die Ihnen sagt, welche Vortragspassagen (inhaltlich oder akustisch) nicht verständlich waren.

- **Vortragshilfen**
  Es empfiehlt sich, das **Thesenpapier für die Zuhörer** (siehe S. 66 ff.) auf **Folie** zu ziehen. Damit können Sie während des Vortrags durch Aufzeigen oder sukzessives Aufdecken am Overheadprojektor deutlich machen, an welcher Stelle des Referats Sie sich gerade befinden. So eine Folie ist nicht nur eine Hilfe für die Zuhörer, sondern auch für Sie selbst, denn die Aufmerksamkeit des Publikums ist nicht ausschließlich auf Sie gerichtet, sondern auch auf die Folie.
  Des Weiteren erlangen Sie das Wohlwollen des Publikums, wenn Sie ansprechende **Anschauungsmaterialien** anbieten. Erwägen Sie also, wenn es zu Ihrem Referatthema passt, den Einsatz einer oder mehrerer **(Farb-)Folien**. Zu unserem Beispielreferat etwa könnte man die Titelseite des Erstabdrucks von Wagners *Kindermörderin* und ein Bild des Autors präsentieren. Es ist auch möglich, ein Bild der Umgebung, in der der Schriftsteller gelebt und gearbeitet hat, auf Folie zu ziehen (z. B. Goethes Gartenhaus in Weimar). Bei einem Referat zur Lesekultur könnten Sie die Fakten zu Buchmarkt, Erstveröffentlichungen usw. als farbiges „Kuchen- oder Säulendiagramm" auf Folie drucken. Wenn Sie Ihre Folie(n) präsentieren, legen Sie bewusst eine Redepause ein und lassen die Mitschüler in Ruhe schauen.
  Auch anderes Material eignet sich zur Veranschaulichung, **Tonaufnahmen** von rezitierten Gedichten, Bildbände mit **Abbildungen, Zitate, Zeitungsausschnitte, Statistiken, Karten, Videoausschnitte, Tafelskizzen usw.** Ihrer Fantasie sind keine Grenzen gesetzt. Aber Vorsicht: Ihr Referat soll kein „Multi-Media-Feuerwerk" sein!

Legen Sie beim Vortrag **Pausen** ein. So steigern Sie je nach Situation die Spannung, geben dem Publikum Zeit zu verarbeiten, betonen Wichtiges, und Sie tun sich selbst etwas Gutes, da Sie sich wieder sammeln können. Bieten Sie den Zuhörern Verstehenshilfen, indem Sie immer wieder kurz innehalten, die bisherigen Ausführungen zusammenfassen und den roten Faden verdeutlichen.
Kurze, überschaubare Sätze helfen den Zuhörern, Ihren Ausführungen zu folgen. Erklären Sie wichtige **Fachbegriffe** (Definition ggf. schriftlich vorlegen) und ziehen Sie konkrete **Beispiele** zur Veranschaulichung heran.

- **Der Tag X – der Vortrag**
  „Das Podium ist eine unbarmherzige Sache, da steht der Mensch nackter als im Sonnenbad.“ (Kurt Tucholsky)
  Lampenfieber ist ganz normal. Selbst routinierte Schauspieler empfinden vor dem Auftritt Lampenfieber, und das ist gut so, denn es führt dazu, dass man seine Sache ernst nimmt und sich Mühe gibt. Ein mittleres Maß an Anspannung kann durchaus motivieren und sich positiv auf die Leistung auswirken. Auch Sie werden vor Ihrem „Auftritt“ Nervosität verspüren. Wie können Sie dies auf ein erträgliches Maß reduzieren?
  Wenn Sie zu Hause das Referat **gut und rechtzeitig (!) vorbereitet** haben, also von seinem **Inhalt** überzeugt sind und auch den **Vortrag** geübt haben, brauchen Sie weniger nervös zu sein. Die ansprechende Aufbereitung Ihrer **Materialien** (Thesenpapier, Stichwortzettel, Folien, etc.) gibt Ihnen zusätzlich Sicherheit.
  Wählen Sie bequeme (und atmungsaktive) Kleidung. Wenn Sie in einem engen Minirock oder einer engen Hose vor der Klasse stehen, fühlen Sie sich unwohl. Dies beeinträchtigt Ihr Sicherheitsempfinden.
  Denken Sie an das Publikum! Viele Mitschüler haben sich nicht getraut und sind beeindruckt, dass Sie da vorne stehen. Auch der Lehrer freut sich über die Schüleraktivität.
  Ruhe bewahren! Gehen Sie langsam nach vorn, suchen Sie sich eine gute Stelle, nehmen Sie eine aufrechte Körperhaltung ein, schauen Sie den Kurs freundlich an, atmen Sie noch einmal tief durch und dann verkünden Sie das Thema Ihres Vortrags. Der Rest kommt (fast) von selbst.

Auf den Punkt gebracht

Beherzigen Sie beim Vortrag folgende Checkliste:

- zu Hause üben,
- frei sprechen, nicht wortwörtlich ablesen,
- gerade, aufrechte Körperhaltung einnehmen,
- Stichwortzettel auf dem Pult ablegen, damit die Hände „mitreden" können,
- Blickkontakt zum Publikum halten (freundlich schauen, nicht verbissen),
- Publikum von Zeit zu Zeit ansprechen,
- deutlich und laut sprechen und Stimme variieren,
- Sprechtempo beachten und Pausen einlegen,
- Zeit zum Betrachten der Materialien lassen.

Aufgabe 20

- Nehmen Sie das Thesenpapier zu Wagners *Kindermörderin* (S. 67 ff.) oder das von Ihnen selbst erstellte Thesenpapier und tragen Sie das Referat vor.
- Lesen Sie den Text von Tucholsky und schreiben Sie anschließend die „Ratschläge für einen *guten* Redner" heraus.

Kurt Tucholsky: Ratschläge für einen schlechten Redner

Fang nie mit dem Anfang an, sondern immer drei Meilen vor dem Anfang! Etwa so:

„Meine Damen und meine Herren! Bevor ich zum Thema des heutigen Abends komme, lassen Sie mich Ihnen kurz …"

Hier hast du schon so ziemlich alles, was einen schönen Anfang ausmacht: eine steife Anrede; der Anfang vor dem Anfang; die Ankündigung, dass und was du zu sprechen beabsichtigst, und das Wörtchen kurz. So gewinnst du im Nu die Herzen und die Ohren der Zuhörer.

Denn das hat der Zuhörer gern: dass er deine Rede wie ein schweres Schulpensum aufbekommt; dass du mit dem drohst, was du sagen wirst, sagst und schon gesagt hast. Immer schön umständlich. Sprich nicht frei – das macht einen so unruhigen Eindruck.

Am besten ist es: du liest deine Rede ab. Das ist sicher, zuverlässig, auch freut es jedermann, wenn der lesende Redner nach jedem viertel Satz misstrauisch hochblickt, ob auch noch alle da sind. Wenn du gar nicht hören kannst, was man dir so freundlich rät, und du willst durchaus und durchum frei sprechen … du Laie! Du lächerlicher Cicero! Nimm dir doch ein Beispiel an unsern professionellen Rednern, an den Reichstagsabgeordneten – hast du die schon mal frei sprechen hören? Die schreiben sich sicherlich zu Hause auf, wann sie „Hört! hört" rufen … ja, also wenn du denn frei sprechen musst:

Sprich, wie du schreibst. Und ich weiß, wie du schreibst.

Sprich mit langen, langen Sätzen – solchen, bei denen du, der du dich zu Hause, wo du ja die Ruhe, deren du so sehr benötigst, deiner Kinder ungeachtet, hast, vorbereitest, genau weißt, wie das Ende ist, die Nebensätze schön ineinander geschachtelt, so dass der Hörer, ungeduldig auf seinem

Sitz hin und herträumend, sich in einem Kolleg wähnend, in dem er früher so gern geschlummert hat, auf das Ende solcher Periode wartet ... nun, ich habe dir eben ein Beispiel gegeben. So musst du sprechen.

Fang immer bei den alten Römern an und gib stets, wovon du auch sprichst, die geschichtlichen Hintergründe der Sache. Das ist nicht nur deutsch – das tun alle Brillenmenschen. Ich habe einmal in der Sorbonne einen chinesischen Studenten sprechen hören, der sprach glatt und gut französisch, aber er begann zu allgemeiner Freude so: „Lassen Sie mich Ihnen in aller Kürze die Entwicklungsgeschichte meiner chinesischen Heimat seit dem Jahre 2000 vor Christi Geburt ...“ Er blickte ganz erstaunt auf, weil die Leute so lachten.

So musst du das auch machen. Du hast ganz recht: man versteht es ja sonst nicht, wer kann denn das alles verstehen, ohne die geschichtlichen Hintergründe ... sehr richtig! Die Leute sind doch nicht in deinen Vortrag gekommen, um lebendiges Leben zu hören, sondern das, was sie auch in den Büchern nachschlagen können ... sehr richtig! Immer gib ihm Historie, immer gib ihm.

Kümmere dich nicht darum, ob die Wellen, die von dir ins Publikum laufen, auch zurückkommen – das sind Kinkerlitzchen. Sprich unbekümmert um die Wirkung, um die Leute, um die Luft im Saale; immer sprich, mein Guter. Gott wird es dir lohnen.

Du musst alles in die Nebensätze legen. Sag nie: „Die Steuern sind zu hoch.“ Das ist zu einfach. Sag: „Ich möchte zu dem, was ich soeben gesagt habe, noch kurz bemerken, dass mir die Steuern bei weitem ...“ So heißt das.

Trink den Leuten ab und zu ein Glas Wasser vor – man sieht das gern. Wenn du einen Witz machst, lach vorher, damit man weiß, wo die Pointe ist.

Eine Rede ist, wie könnte es anders sein, ein Monolog. Weil doch nur einer spricht. Du brauchst auch nach vierzehn Jahren öffentlicher Rednerei noch nicht zu wissen, dass eine Rede nicht nur ein Dialog, sondern ein Orchesterstück ist: eine stumme Masse spricht nämlich ununterbrochen mit. Und das musst du hören. Nein, das brauchst du nicht zu hören. Sprich nur, lies nur, donnere nur, geschichtele nur.

Zu dem, was ich soeben über die Technik der Rede gesagt habe, möchte ich noch kurz bemerken, dass viel Statistik eine Rede immer sehr hebt. Das beruhigt ungemein, und da jeder imstande ist, zehn verschiedene Zahlen mühelos zu behalten, so macht das viel Spaß.

Kündige den Schluss deiner Rede lange vorher an, damit die Hörer vor Freude nicht einen Schlaganfall bekommen. (Paul Lindau hat einmal einen dieser gefürchteten Hochzeitstoaste so angefangen: „Ich komme zum Schluss.“) Kündige den Schluss an, und dann beginne deine Rede von vorn und rede noch eine halbe Stunde. Dies kann man mehrere Male wiederholen.

Du musst dir nicht nur eine Disposition machen, du musst sie den Leuten auch vortragen – das würzt die Rede.

Sprich nie unter anderthalb Stunden, sonst lohnt es gar nicht erst anzufangen.

Wenn einer spricht, müssen die andern zuhören – das ist deine Gelegenheit! Missbrauche sie. (...)

Erläuterungen

Z. 27 Cicero: berühmter römischer Redner und Schriftsteller
Z. 53 Sorbonne: alte Universität in Paris
Z. 107 f. Paul Lindau: Theaterleiter und Schriftsteller
Z. 115 Disposition: Aufbau, Plan der Rede

3 Rollenspiel

Der Deutschunterricht nimmt heute inzwischen auch neuere Methoden in sein Repertoire auf, um auf anderen Wegen als nur durch das frontal gesteuerte Gespräch zu Ergebnissen zu kommen. Eine Möglichkeit stellt hier das Rollenspiel dar. So kann z. B. eine Talkshow nachgestellt werden, um ein strittiges Thema zu diskutieren. Man braucht also den Talkmeister, der die Runde moderiert, und die Talkgäste, die ihre Meinung begründet vertreten. Das Publikum gibt am Ende an, wer am überzeugendsten argumentiert hat.

Mag es Ihnen am Anfang auch fremd und kindisch erscheinen, in die Haut einer anderen Person zu schlüpfen, so werden Sie es vielleicht nach Abbau der ersten Vorurteile genießen können, einmal eine andere Person zu sein.

An einem Beispiel sei gezeigt, was mit Rollenspiel gemeint ist. In Brechts bekanntem Theaterstück *Der kaukasische Kreidekreis* geht es um Folgendes: Der Gouverneur des Großfürsten wird bei einer Revolte getötet. Seine Ehefrau flieht in Panik und „vergisst" in der Eile ihr Kind. Die Magd bemerkt dies, nimmt sich des Kindes an und zieht es auf. Dann aber fordert die leibliche Mutter ihren Sohn zurück. Sie klagt die Magd der Kindesentführung an und zieht vor Gericht. Der Richter Azdak muss einen Richterspruch fällen.

Nun schlägt Ihr Lehrer vor, selbst eine Gerichtsverhandlung nachzuspielen. Sie brauchen Mutter und Magd, Richter, Ankläger und Verteidiger, eventuell Zeugen. In Gruppenarbeit werden die Rollen vorbereitet. Alle sind daran beteiligt, die Rollenkarten auszufüllen. Spielen werden aber später nur diejenigen, die bereit sind, eine Rolle in der Verhandlung zu übernehmen. Die anderen Schüler sind das Publikum. Wie bei der Sendung „Wie würden Sie entscheiden?" wird das Publikum vor und nach der Gerichtsverhandlung (ohne Urteil) zu seiner Entscheidung befragt. Diese muss selbstredend begründet werden. Ein Gerichtsreporter schreibt einen Zeitungsartikel zum Prozess. Erst dann wird das Urteil bei Brecht nachgelesen und mit dem der Klasse verglichen.

Wie können Sie sich im Rollenspiel engagieren? Folgende Schritte sind zu tun:

- **Inhaltliche Vorbereitung:** Ob nun das Spiel in Einzel-, Partner- oder Gruppenarbeit vorbereitet wird, Sie müssen Ihr Wissen und Ihre Ideen einbringen. Erst wenn Sie gute Argumente und schlüssige Begründungen gesammelt haben, werden Sie sich, wie beim Vortrag, sicher beim Spielen fühlen.
- **Leises Sprechen-Üben** in der Vorbereitungsphase: Ihr Lehrer wird Ihnen wahrscheinlich gesagt haben, wie viel Zeit Sie zur Vorbereitung haben. Lassen Sie einige Minuten „Luft" (also lieber ein Argument weniger), um Ihre Argumente leise vortragen zu üben. Vielleicht dürfen Sie dafür auch nach

Rücksprache mit dem Lehrer den Kursraum verlassen, um die anderen Gruppen bei ihrer Vorbereitung nicht zu stören.

- Denken Sie sich beim Rollenspiel wirklich in die **Situation** ein, lassen Sie sich ein auf die gespielte **Rolle.** Formulierungen wie „ich, die Verteidigerin, denke, dass“ oder „du, leibliche Mutter, hast ...“ unterstützen den Eindruck.
- Hören Sie beim Rollenspiel auch den **Argumenten der anderen** zu und gehen Sie darauf ein. Versuchen Sie nicht einfach stur, Ihre Argumente „los zu werden“, sondern schaffen Sie Übergänge. Hier sind Formulierungen hilfreich wie: „Du hast gesagt, dass ..., ich aber meine, dass ...“ (Aussage des Vorredners zusammenfassen); „Wollt ihr euch wirklich der Position des Anwalts anschließen?“ (Aussage des Vorredners in Frage stellen); „Natürlich hat der Verteidiger Recht. Aber hat er auch bedacht ...“ (Aussage des Vorredners zum Schein/zunächst bestätigen, dann aber rektifizieren). Damit zeigen Sie, dass Sie in der Lage sind, auf andere einzugehen und sie ernst zu nehmen.

Beispiel

Rollenkarte Magd

Ich möchte das Kind behalten, weil
1. ich es aus der Gefahr gerettet habe,
2. ich das Kind liebe,
3. ich mich schon immer mehr um das Kind gekümmert habe als die leibliche Mutter,
4. das Kind mich liebt,
5. das Kind seine leibliche Mutter gar nicht mehr richtig kennt,
6. das Kind schwere seelische Schäden erlitte, wenn es in andere Hände käme.

Auf den Punkt gebracht

- Um ein Rollenspiel Gewinn bringend mitzugestalten, muss man sich auf die vorgegebene Situation einlassen und einstellen.
- Eine gründliche Vorbereitung der Rollenkarten und ein Üben der Argumente erleichtern das Spielen.
- Bei der Diskussion sollte man den anderen Mitspielern gut zuhören und auf ihre Positionen eingehen.

Aufgabe 21 Erstellen Sie eine Rollenkarte für die leibliche Mutter und üben Sie, Ihre Argumente vorzutragen.

Kreatives und produktionsorientiertes Schreiben

Schreiben ist organisierte Spontaneität. (Martin Walser)

Kündigt die Deutschlehrkraft in einer fünften Klasse an, dass heute ein Gedicht geschrieben werden soll, so schreien 25 Kinder „Au ja!“. Kündigt man dasselbe in einem Deutschkurs an, so erntet man (anfangs) nur ein „Um Gottes willen!“. Was ist passiert zwischen der fünften Klasse und der Oberstufe?

Das kreative und produktionsorientierte Schreiben spielt eine immer größere Rolle in den Schulen (auch in die Mittelstufe), sodass manche Schüler schon sehr souverän schreiben. Ich halte diese Art des Schreibens für so wichtig und sinnstiftend, dass ich es Ihnen nicht vorenthalten möchte, auch wenn es nicht unbedingt eine Methode ist. Oder nur teilweise. Dafür muss der Unterschied zwischen kreativem und produktionsorientiertem Schreiben erklärt werden. Beide bauen auf das eigene Tun, haben aber unterschiedliche Zielsetzungen.

Kreatives Schreiben dient dazu, Freude an Sprache und Schreiben zu gewinnen. Man probiert Gedichte, Geschichten oder kleine Szenen aus, nur zu dem Zweck, seine Schöpferkraft zu entfalten, Freude am Tun zu haben, Sensibilität für Wörter und Formen zu entwickeln. Dabei stellt sich vielleicht so etwas wie Bewunderung für Dichtung ein, weil man durch das eigene Tun erfährt, wie mit den Worten gerungen werden muss, bis sie ein literarisches Gefüge bilden.

Sie sitzen beispielsweise in einer Gruppe von fünf Personen zusammen. Jeder sagt ein Wort. Nun schreibt jeder aus diesen fünf Wörtern den Anfang einer Geschichte. Nach fünf Minuten wird der Anfang in eine Richtung zum Nachbarn weiter gereicht. Ihr Nachbar rechts schreibt also Ihren Anfang weiter, Sie dagegen schreiben den Anfang Ihres Nachbarn zur Linken weiter. Alle fünf Minuten werden die Blätter nach rechts weiter gegeben. Im fünften Durchgang sollte man zu einer Art Schluss gelangen. Dann werden die Gemeinschaftsproduktionen vorgelesen. Dieses Schreibspiel macht großen Spaß und kann auch zu Hause in der Familien- oder Freundesrunde durchgeführt werden.

Unter **produktionsorientiertem Schreiben** werden Schreibtätigkeiten verstanden, die heuristische Funktion haben, also einen Erkenntnisgewinn bezüglich eines Ausgangstextes bringen.

Hier „riecht“ es wieder nach Schule und Lernen, aber es bereitet zweifellos mehr Freude, ein auseinander geschnittenes Gedicht zu (re-)konstruieren und seine Fassung zu begründen, als den Text wie sonst üblich als Ganzes präsentiert zu bekommen, um ihn dann nach Inhalt und Form zu interpretieren. Durch die Erstellung einer eigenen Version wird ein Spannungsverhältnis zum Original aufgebaut, dessen Untersuchung äußerst Gewinn bringend ist.

In diesem Kapitel wird die Systematik etwas durchbrochen, weil diese Art des Schreibens eben etwas anders ist. Dennoch hoffe ich, dass Ihnen diese Form der

Textproduktion Freude macht. Da im Deutschunterricht zunehmend auch solche Methoden zur Texterschließung eingesetzt werden, ist es durchaus sinnvoll, sie zu Hause in aller Ruhe, ohne Erfolgsdruck auszuprobieren. So wird der Blick für Literatur geschärft, da das eigene Tun offenbart, dass der literarische Prozess ein anspruchsvoller, aber befriedigender Vorgang ist.

Lassen Sie sich darauf ein, die nächsten Unterkapitel zeigen einige Möglichkeiten auf. Da es hier kein „richtig oder falsch“ gibt, entfällt der Lösungsteil.

1 Aufwärmübungen

Treiben Sie Sport? Bevor das eigentliche Training beginnt, müssen Sie Ihre Muskeln erst aufwärmen, um das Risiko von Verletzungen zu meiden. Beginnen wir also auch beim Schreiben nicht direkt mit dem Roman, sondern mit kleineren Übungsformen, die Freude machen.

Da Schreiben etwas Individuelles ist und etwas mit Ihnen zu tun hat, soll Ihr Eigenname im Zentrum der ersten Übungen stehen. Ich schlage Ihnen zunächst zwei Namenspiele vor, an denen Dichter schon seit der Antike ihre Freude hatten: das Akrostichon und das Anagramm. Bei den nächsten Formen (Haiku, Elfchen, Konkrete Poesie) handelt es sich um kleine Gedichte, die eine sehr strenge Form aufweisen, an der man sich am Anfang gut orientieren kann.

Akrostichon

Schreiben Sie Ihren Namen senkrecht auf, pro Zeile ein Buchstabe. Zu jedem Buchstaben suchen Sie nun ein Wort, das zu Ihrer Persönlichkeit passt.

Beispiel

L iebe	**L** ena	**L** ässt die
E nergie	**E** rfindet	**E** rde
N atur	**N** eue	**N** icht
A benteuer	**A** benteuer	**A** lles – vergessen?

Anagramm

Schreiben Sie alle Buchstaben, die in Ihrem Vor- und Nachnamen vorkommen, sortiert auf und bilden Sie daraus einen Fantasienamen.

Beispiel

Hans Jakob Christoffel von Grimmelshausen (dt. Schriftsteller aus dem 17. Jh.)
→ German Schleifheim von Sulsfort
→ Samuel Greifnson von Hirschfeld

Elfchen

Diese Gedichtform heißt Elfchen, weil es aus elf Wörtern besteht. Diese müssen in folgender Weise auf fünf Verse (Zeilen) verteilt werden:

1. Zeile: eine Eigenschaft (ein Wort)
2. Zeile: eine Person oder Sache, die diese Eigenschaft hat (zwei Wörter)
3. Zeile: Tätigkeit der Person oder Sache und/oder Ortsangabe (drei Wörter)
4. Zeile: weitere Informationen zu Person oder Sache (vier Wörter)
5. Zeile: Schluss (ein Wort)

Beispiel

Grau
der Himmel
Regen fällt ununterbrochen
Mein Herz trauert nach
Sonnenschein

Haiku

Diese Gedichtform stammt aus Japan. Ursprünglich wurden Naturerfahrungen verarbeitet. Auch hier ist die Verteilung, diesmal von Silben, streng geregelt:

1. Vers: fünf Silben
2. Vers: sieben Silben
3. Vers: fünf Silben

Beispiel

Still liegt unser See
Keine Wellen trüben ihn
Kein Vogel singt hier.

Konkrete (Visuelle) Poesie

Durch die räumliche Anordnung der Wörter entsteht eine visuelle Wirkung.

Beispiel

ordnung   ordnung
ordnung   ordnung
ordnung   ordnung
ordnung   ordnung
ordnung   ordnung
ordnung unordn   g
ordnung   ordnung
ordnung   ordnung
ordnung   ordnung
ordnung   ordnung
ordnung   ordnung

Ulrichs, Timm: ordnung – unordnung.
In: Krusche, Dietrich; Krechel, Rüdiger: Anspiel.
Konkrete Poesie im Fach Deutsch als Fremdsprache.
Bonn: Inter Nationes, [2]1986, S. 11

2 Schreiben mit allen Sinnen

Es muss nicht immer ein Text sein, der als Schreibanlass oder Schreibimpuls dient. Außer über Ihren Sehsinn verfügen Sie noch über vier weitere, die leider in der Schule oft vernachlässigt werden.

Lassen Sie sich zum Schreiben auch von Ihren anderen Sinnen inspirieren. Dazu gibt es viele Möglichkeiten, allerdings müssen Sie hier selbst Ihr Material suchen, da diesem Buch keine Kassetten oder Gegenstände beigefügt sind.

- Wählen Sie ein entspannendes, beruhigendes Musikstück aus. Vergessen Sie für einen Moment Techno, Rap, House Music oder was auch immer gerade „in“ ist. Greifen Sie zu einem „klassischen“ Stück, vorzugsweise aus der Barockzeit (Bach, Vivaldi). Setzen Sie sich entspannt hin, vor sich ein leeres Blatt und einen Stift. Schalten Sie den CD-Player ein und schließen Sie die Augen. **Hören** Sie sich tief in das Stück ein, fühlen Sie sich ein. Die Assoziationen, die Ihnen nun kommen, notieren Sie nach dem Hören auf Ihr Blatt. Betrachten Sie Ihr Wortmaterial. Lässt sich daraus eine Geschichte schreiben? Oder eher ein Gedicht? Oder etwas, das in keine literarische Form passt? Versuchen Sie es!

- Suchen Sie einen Gegenstand aus, der Ihnen persönlich viel bedeutet, sei es ein Stein, den Sie am Strand während des Urlaubs gefunden haben, sei es ein Ring, den Ihnen ein lieber Mensch geschenkt hat o. Ä. Nehmen Sie diesen Gegenstand in die Hand. Schließen Sie auch einmal kurz die Augen, um den Gegenstand nur zu **fühlen**. Welche Erinnerungen oder Assoziationen stellen sich ein? Verfahren Sie so, wie oben beschrieben.

- Auch Ihr **Geruchssinn** und/oder **Geschmackssinn** sollte einmal aktiviert werden. Suchen Sie einen riechenden Gegenstand (zum Beispiel Lavendelsäckchen) und gehen Sie wie oben beschrieben vor.

- Nun kommen wir doch noch einmal auf das **Sehen** zurück, aber anders als Sie es gewohnt sind. Ich schlage Ihnen nämlich vor, sich von einem Bild zum Schreiben anregen zu lassen. Am Beginn eines jeden Kapitels dieses Buches finden Sie ein Bild. Wählen Sie eines aus und betrachten Sie es lange. Versenken Sie sich in das Bild. Was fällt Ihnen dazu ein? Schreiben Sie es auf.

3 Paralleltexte schreiben

„Paralleltext" bedeutet, dass Sie die Struktur eines Textes für Ihr eigenes Schreiben übernehmen. Beginnen wir die praktische Arbeit mit einem **Gedicht.**

Beispiel

Detlev von Liliencron: Glückes genug

Wenn sanft du mir im Arme schliefst,
Ich deinen Atem hören konnte,
Im Traum du meinen Namen riefst,
Um deinen Mund ein Lächeln sonnte –
    Glückes genug.

Und wenn nach heißem, ernstem Tag
Du mir verscheuchtest schwere Sorgen,
Wenn ich an deinem Herzen lag
Und nicht mehr dachte an ein morgen –
    Glückes genug.

Aus: Montasser, Miriam; Montasser, Thomas: Dichterischer Hausschatz. Epochen, Biographien, Dichter. Hamburg: Xenos, 1992, S. 530

Schreiben Sie nun ein Parallelgedicht zu Liliencrons Text. Sie behalten die Struktur bei, füllen sie aber mit anderem Inhalt. Überlegen Sie vorher, vielleicht mithilfe eines Mindmappings, was für Sie Glück bedeutet. Dann versuchen Sie das folgende Schema mit Ihren Worten zu füllen:

Glückes genug

Wenn ______________________________

____

____

____

    Glückes genug.

Und wenn ___________________________

____

____

____

    Glückes genug.

Auch mit kleineren **szenischen Texten** kann man parallel arbeiten. Als Vorlage dient hier ein Text von Loriot, dessen berühmte Knollenmännchen Sie sicherlich schon einmal gesehen haben.

Die Szene, die er hier so komisch präsentiert, kennen wir alle aus unserem eigenen Alltag. Es entsteht ein Streit aus Nichtigkeiten, man fühlt sich verletzt und geht zum Gegenangriff über. Daraus entsteht eine Spirale, die nicht so leicht zu stoppen ist.

Beispiel

Loriot: Das Ei

Das Ehepaar sitzt am Frühstückstisch. Der Ehemann hat sein Ei geöffnet und beginnt nach einer längeren Denkpause das Gespräch.

ER: Berta!
SIE: Ja ...
ER: Das Ei ist hart!
SIE: *(schweigt)*
ER: Das Ei ist hart!
SIE: Ich habe es gehört ...
ER: Wie lange hat das Ei denn gekocht ...
SIE: Zu viel Eier sind gar nicht gesund ...
ER: Ich meine, wie lange dieses Ei gekocht hat ...
SIE: Du willst es doch immer viereinhalb Minuten haben ...
ER: Das weiß ich ...
SIE: Was fragst du denn dann?
ER: Weil dieses Ei nicht viereinhalb Minuten gekocht haben kann!
SIE: Ich koche es aber jeden Morgen viereinhalb Minuten!
ER: Wieso ist es dann mal zu hart und mal zu weich?
SIE: Ich weiß es nicht ... ich bin kein Huhn!
ER: Ach! ... Und woher weißt du, wann das Ei gut ist?
SIE: Ich nehme es nach viereinhalb Minuten heraus, mein Gott!
ER: Nach der Uhr oder wie?
SIE: Nach Gefühl ... eine Hausfrau hat das im Gefühl ...
ER: Im Gefühl? ... Was hast du im Gefühl?
SIE: Ich habe es im Gefühl, wann das Ei weich ist ...
ER: Aber es ist hart ... vielleicht stimmt da mit deinem Gefühl was nicht ...
SIE: Mit meinem Gefühl stimmt was nicht? Ich stehe den ganzen Tag in der Küche, mache die Wäsche, bring' deine Sachen in Ordnung, mache die Wohnung gemütlich, ärgere mich mit den Kindern rum und du sagst, mit meinem Gefühl stimmt was nicht!?
ER: Jaja ... jaja ... jaja ... wenn ein Ei nach Gefühl kocht, dann kocht es eben nur zufällig genau viereinhalb Minuten!
SIE: Es kann dir doch ganz egal sein, ob das Ei zufällig viereinhalb Minuten kocht ... Hauptsache, es kocht viereinhalb Minuten!

ER: Ich hätte nur gern ein weiches Ei und nicht ein zufällig weiches Ei! Es ist mir egal, wie lange es kocht!
SIE: Aha! Das ist dir egal ... es ist dir also egal, ob ich viereinhalb Minuten in der Küche schufte!
ER: Nein-nein ...
SIE: Aber es ist nicht egal ... das Ei muss nämlich viereinhalb Minuten kochen ...
ER: Das habe ich doch gesagt ...
SIE: Aber eben hast du doch gesagt, es ist dir egal!
ER: Ich hätte nur gern ein weiches Ei ...
SIE: Gott, was sind Männer primitiv!
ER: *(düster vor sich hin)* Ich bringe sie um ... morgen bringe ich sie um ...

Um auch einen Sketch zu schreiben, wäre es schön, wenn Sie sich eine Partnerin oder einen Partner suchen könnten, mit der oder dem Sie gemeinsam den Paralleltext erstellen. Sie können folgendermaßen vergehen:

- Sie suchen sich eine Situation aus Ihrem Alltag, die konfliktanfällig ist. Es sollte keine Situation existenzieller Bedeutung sein, sondern eher eine Kleinigkeit, die immer wieder zu Ärgernissen führt. Man denke hier beispielsweise an nicht zugeschraubte Zahnpaste-Tuben.
- Sie verteilen die Rollen, das heißt, Sie überlegen wer, um bei der Zahnpaste zu bleiben, der Missetäter und das Opfer ist.
- Formulieren Sie mögliche Vorwürfe und Entgegnungen.
- Schreiben Sie dann den ganzen Dialog. Sie können dabei Regieanweisungen (kursiv in Klammern) ergänzen.
- Spielen Sie den Dialog auch einmal durch? Vielleicht vor Publikum?

Schauen wir uns auch noch die letzte literarische Großform an, die Epik, die erzählenden Texte. Als Beispiel dient hier eine **Fabel**, weil sie relativ kurz ist und über eine feste Form verfügt. In ihr handeln Tiere wie Menschen, wobei bestimmte Tiere eine Eigenschaft verkörpern, so steht der Fuchs für Schläue. Die Tiere spielen eine Konflikt- oder Problemsituation vor, die aufgelöst wird. Diese Lösung nennt man die „Moral von der Geschicht", ist also eine Lehre, die verallgemeinerbar ist. Die Fabel ist eine didaktische Textart, die den Menschen lehren und erziehen möchte. Schon in der Antike wurden Fabeln geschrieben, aber auch moderne Schriftsteller wenden sich dieser Gattung zu, so auch Kafka.

Beispiel

Franz Kafka: Kleine Fabel

„Ach“, sagte die Maus, „die Welt wird enger mit jedem Tag. Zuerst war sie so breit, dass ich Angst hatte, ich lief weiter und war glücklich, dass ich endlich rechts und links in der Ferne Mauern sah, aber diese langen Mauern eilen so schnell aufeinander zu, dass ich schon im letzten Zimmer bin und dort im Winkel steht die Falle, in die ich laufe.“ –

„Du musst nur die Laufrichtung ändern“, sagte die Katze und fraß sie.

http://www.gutenberg.aol.de

Schreiben Sie eine Parallelfabel. Folgende Stationen können Ihnen helfen:

- Formulieren Sie zunächst, welche „Moral“ Ihre Fabel haben soll.
- Überlegen Sie, welche Tiere vorkommen und welche Rolle sie einnehmen sollen.
- Beginnen Sie auch mit *„Ach“, sagte …*

4 Arbeit an manipulierten Texten

Es kann sehr spannend im Deutschunterricht zugehen, wenn die Lehrkraft einen nicht vollständigen Text präsentiert und die Schüler die fehlenden Textpassagen ergänzen sollen. Dies geschieht aber nicht willkürlich: Vor dem Ergänzen muss der übrige Text genau gelesen werden, damit Hinweise gefunden werden, die zur Ideenfindung beitragen können.

Sicherlich ist hier auch Kreativität gefragt, aber da das Ergänzen des Textes auch schon zur Hypothesenbildung über den manipulierten Text führt, befinden wir uns bereits im Bereich des produktionsorientierten Schreibens.

Es bieten sich im epischen Bereich besonders Texte an, die eine Pointe beinhalten. Erinnern Sie sich noch an die *Anekdote zur Senkung der Arbeitsmoral* von Heinrich Böll (S. 31 f.)? Hier hätte man gut die überraschende Antwort des Fischers ausschneiden und die Schüler raten lassen können, was wohl der Einheimische gesagt hat.

Anmerkung: Alle Originalfassungen der folgenden „manipulierten Texte“ finden Sie im Lösungsteil (S. 120)!

Bei dem folgenden Text handelt es sich um eine Kurzgeschichte von Elisabeth Langgässer (1899–1950), die als Halbjüdin 1936 Publikationsverbot erhielt. Ihre älteste Tochter kam ins Konzentrationslager Auschwitz, überlebte aber den Holocaust. Lesen Sie den Text und versuchen Sie den **fehlenden Schlusssatz** zu ergänzen: Was steht auf dem Schild?

Beispiel

Elisabeth Langgässer: Saisonbeginn

Die Arbeiter kamen mit ihrem Schild und einem hölzernen Pfosten, auf den es genagelt werden sollte, zu dem Eingang der Ortschaft, die hoch in den Bergen an der letzten Passkehre lag. Es war ein heißer Spätfrühlingstag, die Schneegrenze hatte sich schon hinauf zu den Gletscherwänden gezogen. Überall standen die Wiesen wieder in Saft und Kraft; die Wucherblume verschwendete sich, der Löwenzahn strotzte und blähte sein Haupt über den milchigen Stängeln; Trollblumen, welche wie eingefettet mit gelber Sahne waren, platzten vor Glück, und in strahlenden Tümpeln kleinblütiger Enziane spiegelte sich ein Himmel von unwahrscheinlichem Blau. Auch die Häuser und Gasthöfe waren wie neu: ihre Fensterläden frisch angestrichen, die Schindeldächer gut ausgebessert, die Scherenzäune ergänzt. Ein Atemzug noch: dann würden die Fremden, die Sommergäste kommen – die Lehrerinnen, die mutigen Sachsen, die Kinderreichen, die Alpinisten, aber vor allem die Autobesitzer in ihren großen Wagen ... Röhr und Mercedes, Fiat und Opel, blitzend von Chrom und Glas. Das Geld würde anrollen. Alles war darauf vorbereitet. Ein Schild kam zum andern, die Haarnadelkurve zu dem Totenkopf, Kilometerschilder und Schilder für Fußgänger: Zwei Minuten zum Café Alpenrose. An der Stelle, wo die Männer den Pfosten in die Erde einrammen wollten, stand ein Holzkreuz, über dem Kopf des Christus war auch ein Schild angebracht. Seine Inschrift war bis heute die gleiche, wie sie Pilatus entworfen hatte: J.N.R.J. – die Enttäuschung darüber, dass es im Grunde hätte heißen sollen: er behauptete nur, dieser König zu sein, hatte im Lauf der Jahrhunderte an Heftigkeit eingebüßt. Die beiden Männer, welche den Pfosten, das Schild und die große Schaufel, um den Pfosten in die Erde zu graben, auf ihren Schultern trugen, setzten alles unter dem Wegekreuz ab; der dritte stellte den Werkzeugkasten, Hammer, Zange und Nägel daneben und spuckte ermunternd aus.

Nun beratschlagten die drei Männer, an welcher Stelle die Inschrift des Schildes am besten zur Geltung käme; sie sollte für alle, welche das Dorf auf dem breiten Passweg betraten, besser: befuhren, als Blickfang dienen und nicht zu verfehlen sein. Man kam also überein, das Schild kurz vor dem Wegekreuz anzubringen, gewissermaßen als Gruß, den die Ortschaft jedem Fremden entgegenschickte. Leider stellte sich aber heraus, dass der Pfosten dann in den Pflasterbelag einer Tankstelle hätte gesetzt werden müssen – eine Sache, die sich von selbst verbot, da die Wagen, besonders die größeren, dann am Wenden behindert waren. Die Männer schleppten also den Pfosten noch ein Stück weiter hinaus bis zu der Gemeindewiese und wollten schon mit der Arbeit beginnen, als ihnen auffiel, dass diese Stelle bereits zu weit von dem Ortsschild entfernt war, das den Namen angab und die Gemeinde, zu welcher der Flecken gehörte.

Wenn also das Dorf den Vorzug dieses Schildes und seiner Inschrift für sich beanspruchen wollte, musste das Schild wieder näher rücken – am besten gerade dem Kreuz gegenüber, so dass Wagen und Fußgänger zwischen beiden hätten passieren müssen.

Dieser Vorschlag, von dem Mann mit den Nägeln und dem Hammer gemacht, fand Beifall. Die beiden anderen luden von Neuem den Pfosten auf ihre Schultern und schleppten ihn vor das Kreuz. Nun sollte also das Schild mit der Inschrift zu dem Wegekreuz senkrecht stehen; doch zeigte es sich, dass die uralte Buche, welche gerade hier ihre Äste mit riesiger Spanne nach beiden Seiten wie eine Mantelmadonna ihren Umhang entfaltete, die Inschrift im Sommer verdeckt und ihr Schattenspiel deren Bedeutung verwischt, aber mindestens abgeschwächt hätte.

Es blieb daher nur noch die andere Seite neben dem Herrenkreuz, und da die erste, die in das Pflaster der Tankstelle überging, gewissermaßen den Platz des Schächers zur Linken bezeichnet hätte, wurde jetzt der Platz zur Rechten gewählt und endgültig beibehalten. Zwei Männer hoben die Erde aus, der dritte nagelte rasch das Schild mit wuchtigen Schlägen auf; dann stellten sie den Pfosten gemeinsam in die Grube und rammten ihn rings von allen Seiten mit größeren Feldsteinen an.

Ihre Tätigkeit blieb nicht unbeachtet. Schulkinder machten sich gegenseitig die Ehre streitig, dabei zu helfen, den Hammer, die Nägel hinzureichen und passende Steine zu suchen; auch einige Frauen blieben stehen, um die Inschrift genau zu studieren. Zwei Nonnen, welche die Blumenvase zu Füßen des Kreuzes aufs Neue füllten, blickten einander unsicher an, bevor sie weitergingen. Bei den Männern, die von der Holzarbeit oder vom Acker kamen, war die Wirkung verschieden: einige lachten, andere schüttelten nur den Kopf, ohne etwas zu sagen; die Mehrzahl blieb davon unberührt und gab weder Beifall noch Ablehnung kund, sondern war gleichgültig, wie sich die Sache auch immer entwickeln würde. Im Ganzen genommen konnten die Männer mit der Wirkung zufrieden sein. Der Pfosten, kerzengerade, trug das Schild mit der weithin sichtbaren Inschrift, die Nachmittagssonne glitt wie ein Finger über die zollgroßen Buchstaben hin und fuhr jeden einzelnen langsam nach wie den Richtspruch auf einer Tafel …

Auch der sterbende Christus, dessen blasses, blutüberronnenes Haupt im Tod nach der rechten Seite geneigt war, schien sich mit letzter Kraft zu bemühen, die Inschrift aufzunehmen: man merkte, sie ging ihn gleichfalls an, welcher bisher von den Leuten als einer der ihren betrachtet und wohl gelitten war. Unerbittlich und dauerhaft wie sein Leiden, würde sie ihm nun für lange Zeit schwarz auf weiß gegenüberstehen.

Als die Männer den Kreuzigungsort verließen und ihr Handwerkszeug wieder zusammenpackten, blickten alle drei noch einmal befriedigt zu dem Schild mit der Inschrift auf. Sie lautete: […]

Aus: E. Langgässer, Ausgewählte Erzählungen. 1964 Claassen Verlag

Es ist ebenfalls möglich, einen Text auseinander zu schneiden und ihn in **Schnipselform** zu präsentieren. Sie erinnern sich vielleicht an das Stundenprotokoll von Lena Schröder (siehe S. 63). Dort hatte sie eine solche Deutschstunde vorgestellt. Probieren Sie dies auch einmal aus. Dazu erhalten Sie ein modernes Gedicht von Ulla Hahn.

Beispiel

Ulla Hahn: Bildlich gesprochen (1981)

Wärst du eine Blume ich grübe
dich vom Himmel ab.
dir in die hohle Hand
wär ich ein Feuer ich legte
dich auf den Grund hinab
und wärst du ein Stern ich knallte
in sanfte Asche dein Haus.
Wär ich eine Nixe ich saugte
dich mit allen Wurzeln aus
dir weiße Burgen aus Sand.
Wär ich ein Baum ich wüchse
und wärst du das Meer ich baute

Originalversion in: U. Hahn: Herz über Kopf. Gedichte.

Versuchen Sie, die Originalfassung des Gedichts herauszufinden:
- Kopieren Sie das Gedicht und schneiden Sie die einzelnen Verse aus.
- Verschieben Sie die Zeilen so lange, bis Sie Ihrer Meinung nach zusammenpassen. Orientieren Sie sich dabei an Reim, Zeichensetzung, Groß-/Kleinschreibung und inhaltlichen Zusammenhängen.
- Nehmen Sie dann die Stropheneinteilung vor, indem Sie nach einer inneren Struktur des Gedichtes suchen.

Als letzte Möglichkeit sei die **„Variante-Methode“** vorgestellt. Sie erhalten einen Text, bei dem ein Teil, sei es der Anfang oder das Ende oder auch einzelne Wörter, weggelassen wurde. Anschließend präsentiert der Lehrer Ihnen mehrere Varianten für diese fehlenden Teile. Sie müssen sich für eine entscheiden und dies natürlich auch begründen. Als Beispiel dient ein expressionistisches Gedicht, bei dem jeweils einzelne Wörter gestrichen wurden. Bei den drei Wortvorschlägen ist jeweils das Originalwort dabei.

Beispiel

Jakob van Hoddis: Weltende (1911)

Dem Bürger fliegt vom ________________ Kopf der Hut,
In allen Lüften ________________ es wie Geschrei,
________________________ stürzen ab und gehn entzwei
Und an den Küsten – liest man – steigt die Flut.

______________________ ist da, die wilden Meere hupfen
An Land, um dicke ______________ zu zerdrücken.
Die meisten Menschen haben einen Schnupfen.
Die ______________________ fallen von den Brücken.

Jakob van Hoddis, Dichtungen und Briefe. Hg. v. Regina Nörtemann

Wählen Sie aus den folgenden Vorschlägen jeweils das passendste Wort aus:
Vers 1: runden, spitzen, dicken
Vers 2: hallt, stöhnt, klingt
Vers 3: Kinder, Dachdecker, Kletterer
Vers 5: Die Revolution, Das Ende, Der Sturm
Vers 6: Mauern, Dämme, Wälle
Vers 8: Tiere, Geländer, Eisenbahnen

Auf den Punkt gebracht

Sie haben in den ersten sechs Kapiteln gelernt, wie man systematisch vorgeht, wenn man im Deutschunterricht Literatur suchen, bearbeiten und verarbeiten will. Dieses Kapitel hat Ihnen Alternativen aufgezeigt, wie Sie an einen literarischen Text herangehen und auch selbst literarisch tätig werden können. So können Sie selbst zu Hause, ohne Lenkung durch den Lehrer, alternativ an die Textarbeit gehen:

- **Verzögertes Lesen:** Beim Lesen einer Geschichte decken Sie nur jeweils den Abschnitt auf, den Sie gerade lesen, und versuchen zu antizipieren, wie es weitergehen könnte.
- **Paralleltexte schreiben:** Legen Sie die Struktur eines Textes frei und übernehmen Sie sie für einen eigenen Text.
- **Texte zusammensetzen:** Bitten Sie Eltern, Freunde oder Geschwister, den ausgewählten Text zu zerschneiden oder einzelne Wörter auszustreichen oder Anfang oder Schluss abzuschneiden. Sie versuchen dann anschließend, den Text zu rekonstruieren.

Vielleicht fallen Ihnen auch noch andere Möglichkeiten ein, wie Sie kreativ und prozessorientiert mit Texten umgehen können. Und vergessen Sie nicht, von Zeit zu Zeit auch für sich selbst zu schreiben, sei es ein Tagebucheintrag, ein Anagramm oder eine „Dreh-Geschichte" im Freundes- oder Familienkreis.

Lösungen

Aufgabe 1

Sekundärliteratur zu den *Geschichten von Herrn Keuner* von Bertolt Brecht – ausgewählte Beispiele:

Häussler, Inge: Denken mit Herrn Keuner. Zur deiktischen Prosa in den Keuner-Geschichten und Flüchtlingsgesprächen. Berlin 1981.

Knopf, Jan: Brecht-Handbuch. Band 2: Lyrik, Prosa, Schriften. Eine Ästhetik der Widersprüche. (Ungekürzte Sonderausgabe) Stuttgart 1996.

Müller, Klaus-Detlef: Brecht-Kommentar zur erzählenden Prosa. München 1980.

Payrhuber, Franz-Josef: Bertolt Brecht. Stuttgart 1995. (Literaturwissen für Schule und Studium) [Kapitel 3.2 Geschichten vom Herrn Keuner]

Aufgabe 2

- Um das Wort „Anagramm" zu finden, gibt es mehrere Möglichkeiten:
  - Fremdwörterbuch, z. B. der Duden-Reihe.
  - Literatur-Lexikon, z. B. Wilpert, Gero von: Sachwörterbuch der Literatur. Stuttgart: Kröner, 1979; Zirbs, Wieland: Literatur Lexikon. Daten, Fakten, Zusammenhänge. Berlin: Cornelsen, 1998.

- Informationen zur Biografie Franz Kafkas:
  - Einen Überblick bieten Literaturgeschichten, z. B. Gigl, Claus J.: Deutsche Literaturgeschichte. Freising: Stark, 1999. (Abitur-Wissen Deutsch)
  - Umfassend informieren Autorenlexika, z. B. Heyde, Hartmut von der (Hrsg.): Lexikon Deutsch. Autoren und Werke. Freising: Stark, 2000.
  - Eine digitale Möglichkeit stellen die Literaturlexika auf CD-ROM dar, z. B. Wilpert, Gero von: Lexikon der Weltliteratur. Kröner – digitale Bibliothek, 1999.
  - Für viele Autoren werden umfangreiche Biografien in Buchform angeboten, für Kafka beispielsweise: Wagenbach, Klaus: Franz Kafka in Selbstzeugnissen und Bilddokumenten. Reinbek: Rowohlt, 1964. (Rowohlts Bildmonographien); Hayman, Ronald: Franz Kafka. Sein Leben – seine Welt – sein Werk. Bern u. München: Scherz, ^{2}1986.

- Inhaltsangaben zu *Homo faber* bieten beispielsweise:
  - Killy, Walther (Hrsg.): Literaturlexikon. Autoren und Werke deutscher Sprache. Gütersloh: Bertelsmann Lexikon Verlag, o. J.
  - Kritisches Lexikon zur deutschsprachigen Gegenwartsliteratur. Hrsg. von Heinz Ludwig Arnold. München: Edition Text und Kritik.
  - Jens, Walter (Hrsg.): Kindlers Neues Literaturlexikon. München: Kindler, 1996.
  - Heyde, Hartmut von der (Hrsg.): Lexikon Deutsch. Autoren und Werke. Freising: Stark, 2000.

Aufgabe 3

Informationen im Internet zu Martin Walser:

- Eine Biografie ist (gebührenpflichtig) beim Munzinger-Archiv abzurufen: http://www.munzinger.de
- Internationes stellt eine Seite zur Verfügung, die Fragen und Wissen zu Martin Walser miteinander verknüpft: http://www.inter-nationes.de/d/frames/schulen/laku/walser.html
- Viele Websites drehen sich um Martin Walsers umstrittene Rede anlässlich der Verleihung des Friedenspreises des Börsenvereins des deutschen Buchhandels und der sich daran anknüpfenden Kontroverse zwischen Ignatz Bubis und Martin Walser. So kann man zum Beispiel die Rede nachlesen unter: http://www.Boersenverein.de/fpreis/mw_rede.htm
- Die Uni Wuppertal stellt eine ausführliche Bibliographie zu Walser ins Netz: http://www.uni-wuppertal.de/FB4/germanistik/Homepage_Meier/Homepage/Walser/FrameWalserBibl.htm

Aufgabe 4

Vorbereitung des Textes von Arthur Schopenhauer:

- Schopenhauer war ein Philosoph, der 1788–1860 in Deutschland lebte. Er vertrat eine pessimistische Grundhaltung. Ursache dieser ist der Wille des Menschen, der die Befriedigung neuer Bedürfnisse verlangt. Da dies nicht gelingen kann, ist Glück nicht möglich. Man kann der Dominanz des Willens nur durch Betrachtung der Kunst oder Askese (Entsagung) entrinnen. Schopenhauer nahm so einen Gedanken der Psychoanalyse vorweg, nämlich dass das Handeln des Menschen durch verborgene Triebe gelenkt wird.

- Brainstorming zum Thema „Lesen–Bücher“: Romane – fremde Welten kennen lernen – Sachbücher – Wissen – Erholung – Entspannung – lernen – Neugierde – Unterhaltung – Nachlesen – Erkennen – Menschen verstehen – Freizeit – Pflichtlektüre
- Die Biografie und das Brainstorming helfen den Text besser zu verstehen. Einerseits kann man die Textaussagen in den historischen Kontext setzen, andererseits spiegeln sie auch die pessimistische Haltung des Philosophen. Das Brainstorming hilft bei der Positionierung der eigenen Meinung in Bezug auf den Text, da bei der Erstellung eher positive Aspekte des Lesens von Büchern genannt werden.

Aufgaben 5 und 6

Lösungsvorschläge nicht möglich.

Aufgabe 7

Aufbau der Kurzgeschichte *Neapel sehen* von Kurt Marti:

Z. 1–24: Objekte des Hasses
Z. 25–37: Krankheit
Z. 37–47: Entfernung zweier Bretter
Z. 48–57: Wegnahme weiterer Bretter
Z. 57–65: Entfernung der restlichen Bretterwand – Tod des Mannes

Aufgabe 8

Précis der *Anekdote zur Senkung der Arbeitsmoral* von Heinrich Böll:

In der Kurzgeschichte *Anekdote zur Senkung der Arbeitsmoral* erzählt Heinrich Böll von der Begegnung zweier Männer, eines ärmlichen Fischers und eines schicken Touristen, in einem Hafen im westlichen Teil Europas. Der dösende Fischer wird von dem Klicken des Fotoapparates des Touristen gestört und kommt so mit ihm ins Gespräch. Auf die Frage des Touristen, ob er heute nicht mehr zum Fischen ausfahre, antwortet der Fischer, dass er bereits gefischt und einen so guten Fang gemacht habe, dass er sogar die nächsten zwei Tage nicht mehr ausfahren müsse. Nun unterbreitet ihm der Tourist in einem eifrigen Dialog, wie viel Gewinn der Fischer machen könne, wenn er nur jeden Tag mehrmals ausführe. Er könne sich einen Motor, dann ein zweites Boot, ein Kühlhaus und schließlich eine Fabrik kaufen und ein Restaurant eröffnen. Der Fischer zeigt sich unbeeindruckt und möchte wissen, was ihm all das denn nütze. Der Tourist erklärt begeistert, dass der Fischer dann beruhigt im Hafen sitzen und dösen könne. Aber das tue er doch schon, erwidert der Fischer, worauf der Tourist nachdenklich und ein Spur neidisch fortgeht.

Aufgabe 9

Exzerpt des Lexikonartikels *Episches Erzählen* von Wolf Gewehr:

Gewehr, Wolf: Episches Erzählen
Quelle: Handlexikon der Literaturwissenschaft. Hrsg. von Dieter Krywalski. Reinbek bei Hamburg: Rowohlt, 1978. Band 1, S. 116f.
Wortherkunft: Epik → epós (griech., das Gesagte, Bericht, Erzählung);
episch → epikós, zum Epos gehörig, aber auch inneres Strukturmerkmal (z. B. Ballade)
Bedeutung heute: Epik: (allgemein) Erzählliteratur in allen Formen
Ursituation des Erzählens: Erzähler erzählt Publikum etwas „Vergängliches" (Kayser); 2 Arten Erzähler:

- der „fest Ansässige", der Erlebnisse aus Vergangenheit weiter erzählt,
- der Wandernde, der von eigenen Erlebnissen erzählt. (Benjamin)

Wirklichkeitserfahrung
Zweite Möglichkeit: Phantasie (freies Erfinden)
Verhältnis Stoff–Form: Wahl des zu Erzählenden führt zu bestimmter Erzählform, abhängig von Erzählintention und von Gesamtsituation
Beispiel: Erzähler will „Histörchen" über Friedrich den Großen erzählen → Form der Anekdote
Fazit: alle epischen Formen auf eine Grundsituation zurückzuführen, die den Zuhörer (Leser) miteinbezieht, voraussetzt; Erzähler richtet seine Art des Erzählens nach dieser Situation.

Aufgabe 10

Glossar „Epische Kleinformen":

Anekdote: kurze Erzählung, in der eine historische Persönlichkeit, eine merkwürdige Begebenheit, eine Epoche oder eine Geisteshaltung an einem typischen Beispiel präsentiert wird
Apophthegma: Sinnspruch, der eine Lebensweisheit wiedergibt

Fabel: Tiergeschichte, die auf Menschen übertragbar ist und eine Lebensweisheit oder Lebensmoral erläutert (auch in Gedichtform möglich)
Kalendergeschichte: Geschichten, die in Kalendern abgedruckt wurden und sich im Lauf der Zeit zu Unterhaltungsgeschichten, oft mit belehrender Absicht, entwickelten
Kurzgeschichte: Erzählung mit offenem Anfang und offenem Schluss, in der nur eine Episode in konzentrierter Form wiedergegeben wird
Legende: Heiligengeschichte
Märchen: Fantasiegeschichte, in der das Gute über das Böse siegt und es zum Happyend kommt
Novelle: straffe Erzählung um eine besondere Begebenheit, mit Wende- und Höhepunkt, oft Dingsymbolen und Rahmenhandlung
Parabel: Gleichnis, die erzählte Geschichte ist durch Analogieschluss auf Realität zu übertragen
Sage: volkstümliche Erzählung, die historische Personen oder Begebenheiten zu ihrem Thema macht

Aufgabe 11

Analyse der Rede von Konrad Weiß:

[Einleitungssatz:] Konrad Weiß prangert in seiner Rede die Fremdenfeindlichkeit und die zunehmende Gewalt gegenüber ausländischen Mitbürgerinnen und Mitbürgern an.
[Aufbau mit Inhaltswiedergabe:] Im beeindruckenden Anfang seiner Rede bringt er seine Gefühle zum Ausdruck: Er schämt sich für seine deutsche Staatsangehörigkeit, da in seinem Heimatland Ausländer gequält, ja sogar ermordet werden. Im Folgenden belegt er die fremdenfeindliche Stimmung in Deutschland anhand statistischer Zahlen. Dabei erregt ihn ganz besonders die „schweigende Masse“, die zwar gegen Atomkraft demonstriert, aber nicht gegen Fremdenhass. Für dieses Verhalten gebe es keine Entschuldigung, fährt er fort, auch nicht die Geschichte der beiden deutschen Staaten. Er nennt es die Aufgabe der Demokratie, den Namen Deutschlands rein von Faschismus zu halten. Dazu bedarf es der Zivilcourage jedes Einzelnen und staatsbürgerlicher Verantwortung. Als ein Mittel des aktiven Tuns schlägt er den Boykott von Künstlern in der Kunststadt Dresden und den von Mitbürgern in der Landeshauptstadt Potsdam vor, zwei Städte, in denen neo-nazistische Aktionen beziehungsweise Intoleranz gegenüber Ausländern stattgefunden haben. Weiß wirft Polizisten, Staatsanwälten und Richtern Versäumnisse im Vorgehen gegen rechte Gewalt

vor und appelliert folgerichtig dafür, nicht die Gesetze zu verschärfen, sondern konsequent anzuwenden. Denn seiner Meinung nach haben die Menschen in Deutschland sich zu sehr an die Gewalt gewöhnt. Zum Schluss ruft er zur Bildung einer großen Koalition der Menschlichkeit auf. Er entwirft ein „Horrorszenario“ für die Zukunft, wenn jetzt nicht gehandelt werde: man werde sich in Vernichtungslagern wiederfinden.

[Position/Intention:] Konrad Weiß vertritt eine humanitäre Position – er tritt für die Rechte und den Schutz ausländischer Mitbürger in Deutschland ein, er empfindet es als Schande, was die Deutschen den Ausländern antun. Die Rede weist eine starke appellative Intention auf: Weiß möchte die Zuhörer, besonders die Politiker unter ihnen, dazu aufrufen, die Demokratie gegen den aufflammenden Neo-Nationalsozialismus zu verteidigen. Die Rede richtet sich aber auch an jeden einzelnen Deutschen, mehr Zivilcourage zu zeigen, also sowohl bei Gewaltanwendung aktiv einzugreifen als auch in der Öffentlichkeit zu demonstrieren, dass rechte Sympathisanten unerwünscht sind.

[Beispiele für sprachliche Gestaltung:] Weiß arbeitet vor allem mit Wiederholungen und Aufzählungen. Direkt zu Anfang wiederholt er „ich schäme mich“, verbindet dies mit „Deutscher zu sein“, sodass dieser Satz parallel zu der von Neonazis verwendeten Parole „Ich bin stolz, ein Deutscher zu sein“ klingt. Damit verdeutlicht er direkt seine politische Position – seine Abgrenzung vom rechten Gedankengut. Auch die Aufzählungen wie „geschlagen, getreten, verletzt“ wirken eindringlich und bleiben im Gedächtnis haften. Durch den Gebrauch des Personalpronomens „wir“ (beziehungsweise „unser“) reiht er sich in die Menge der Zuhörer/der Deutschen ein und vermeidet dadurch eine rein dozierende Darstellung. Dies wird besonders bei der rhetorischen Frage „Haben wir Ostdeutschen aus vierzig Jahren Unterdrückung und Eingesperrtsein wirklich nichts anderes gelernt als Ausgrenzen, Aussperren, Ausstoßen?“.

[Eigene Stellungnahme:] Diese Rede stammt aus dem Jahr 1992 und wurde im Deutschen Bundestag gehalten. Doch sie könnte genauso gut heutzutage im Fernsehen verlesen werden, so aktuell ist das Thema heute wieder beziehungsweise immer noch. Gerade das neue Jahrtausend hat mit einem verstärkten Auftreten von Fremdenfeindlichkeit begonnen. Jedoch formiert sich auch Widerstand auf vielen gesellschaftlichen Ebenen.

Aufgabe 12

Interpretation des Textes *Das Brot* von Wolfgang Borchert:

[Einleitung:] In seiner Kurzgeschichte *Das Brot* erzählt Wolfgang Borchert von einem älteren Ehepaar, das mit Hunger und Armut zu kämpfen hat.
[Hauptteil:] Typisch für eine Kurzgeschichte ist der offene Beginn: Die Ehefrau wacht plötzlich in der Nacht auf und findet ihren Mann in der Küche vor. Er hat Hunger und hat sich heimlich in der Küche eine Scheibe Brot abgeschnitten. Es scheint, dass die Nahrungsmittel rationiert und genau eingeteilt sind. Für ihn aber reicht offensichtlich die abendliche Ration von drei Scheiben Brot nicht aus, er traut sich jedoch nicht, dies seiner Frau gegenüber zu erwähnen. Sie haben das Brot immer genau geteilt, es ist nicht mehr zu essen für ihn da. Doch der Hunger treibt ihn nachts in die Küche. Die Frau bemerkt die Brotkrümel, möchte aber ihrem Mann die Scham ersparen, sein nächtliches Brotessen zugeben zu müssen. So sagt sie dazu nichts und fordert ihren Mann auf, wieder ins Bett zu kommen. Sie täuscht sogar den Schlaf vor, damit er endlich in Ruhe sein Brot kauen kann. Zunächst scheint sie enttäuscht zu sein, dass ihr Ehemann ihr nach so vielen Ehejahren nicht die Wahrheit zu sagen bereit ist, aber sie versteht seine Scham, dass der Hunger ihn zu diesem Verhalten trieb. So schiebt sie ihm am nächsten Abend vier Scheiben Brot zu, sie verzichtet auf eine Scheibe, unter dem Vorwand, das Brot abends nicht so gut vertragen zu können. Dieser Akt der Liebe und des Verzichts wird durch das offene Ende noch positiv verstärkt. Ein Schimmer Hoffnung wird durch die Lampe symbolisiert.

Wie in vielen Kurzgeschichten spielt auch hier ein Dingsymbol – neben der Lampe – eine wichtige Rolle, die bereits durch den Titel deutlich wird. Brot ist ein Grundnahrungsmittel, schon in der Bibel wurde der lebensspendende Charakter der Brotes deutlich. Seine Rationierung zeigt die Armut der Menschen. Das Brot steht für eine Nacht zwischen Mann und Frau, durch die zusätzliche Scheibe am nächsten Abend zeigt es die enge Bindung des Paares aneinander. Der Hunger nach Brot hat den Mann zu einer Tat getrieben, die er sonst sicherlich nicht begangen hätte – seine Frau zu belügen. Aber die Scham ist zu groß.

Die Situation dieser einfachen Leute kleidet Borchert in kurze und einfache Sätze. Vor allem die Dialoge zeigen deutlich, wie Mann und Frau versuchen, durch Floskeln das eigentliche Thema zu vermeiden. Das Ehepaar hat keinen Namen, sie könnten stellvertretend für viele Menschen ihrer Zeit stehen. Diese eine nächtliche Episode ist wichtig und beispielhaft – dies ist das Motto der Kurzgeschichte, die nur einen wichtigen Ausschnitt und keine ausführliche Darlegung zeigen will.

Wie sehr das vertraute Paar aufeinander eingespielt ist, zeigt sich besonders in der Parallelität ihrer Gedanken beim Zusammentreffen in der Küche. Beide denken vom jeweils anderen, dass er oder sie alt aussehe.
[Schluss:] Wolfgang Borchert hat den Zweiten Weltkrieg und die anschließende Not und Armut erlebt. In dieser Geschichte möchte er aufzeigen, zu welchem Verhalten Menschen in dieser Krisensituation getrieben werden. Insofern ist diese Geschichte auch ein pazifistischer Appell – damit Menschen in Frieden und Wohlstand leben können.

Aufgabe 13

Erörterung der Rede von Martin Walser:

[Gedankenaufbau:] Der Textausschnitt stammt aus der Rede, die Martin Walser anlässlich der Verleihung des Friedenspreises des Deutschen Buchhandels 1998 in der Paulskirche in Frankfurt hielt.
- Schande der deutschen Geschichte (Nationalsozialismus) wird ständig vor Augen gehalten
- besonders Intellektuelle tun dies zur Selbstentschuldigung
- in den Medien herrscht Routine des Beschuldigens

→ dieses Verhalten erzeugt Abneigung gegen Dauerpräsentation
- man erinnert an Gräueltaten nicht wegen des Gedenkens, sondern als Instrumentalisierung
- wenn man Juden in Deutschland der 30er-/40er-Jahre in Romanen darstellt, muss das Buch wegen des Zeitgeistes in Auschwitz enden, sonst erfolgt Vorwurf der Verharmlosung

→ Walser möchte deutsche Geschichte nicht immer als Katastrophenprodukt enden lassen
- Auschwitz darf nicht Moralkeule sein
- Ritualisierung führt nur zu Lippenbekenntnissen
- man darf heute nicht mehr sagen, dass Deutsche ein normales Volk sind
- neuestes Beispiel: „grässliches Denkmal“ für Holocaust in Berlin

[Problemstellung:] Walser setzt sich mit dem Umgang mit der Nazi-Vergangenheit im heutigen Deutschland auseinander und fordert eine Abschaffung des ritualisierten Beschuldigens
[Eigene Position – mögliche Argumente:]
- Walser hat Recht, dass Gedenken ehrlich sein muss, keine reine Pflichtübung sein darf, dazu gehört aber die Vergegenwärtigung des geschehenen Unrechts

- Verantwortung für die Vergangenheit wird immer bleiben, zieht sich bis heute, erkennbar an dem Tauziehen um die Entschädigung ehemaliger NS-Zwangsarbeiter
- Aufkommen neuer extrem rechter Gruppierungen mit ihren menschenverachtenden Gewalttaten zeigt, dass noch nicht genug aus der Vergangenheit gelernt wurde
- Walser gehört der Generation von Menschen an, die die Zeit des Nationalsozialismus erlebt haben, sein Verhältnis dazu ist demzufolge ein anderes als das junger Generationen, die nachwachsen und die die Fehler der Großeltern und Eltern nicht wiederholen dürfen.

[Schluss:] Aus den genannten Gründen kann ich der Position Walsers nicht zustimmen, ja im Gegenteil, ich halte sie für gefährlich, da sie Vergangenheitsverdrängung Vorschub leistet, zumal sich einer der führenden Intellektuellen Deutschlands als illustres Beispiel für eine solche Position zitieren lässt.

Aufgabe 14

Lösungsvorschlag nicht möglich.

Aufgabe 15

Mögliche Gliederung eines Referats zu Patrick Süskinds *Das Parfum:*

1 Der Autor Patrick Süskind: kurze Anmerkungen zu Biografie und Werk

2 Der Roman *Das Parfum*
2.1 Inhaltswiedergabe
2.2 Der Protagonist: Jean-Baptiste Grenouille
2.3 Die übrigen Personen
2.4 Interpretation

3 Die Wirkung
3.1 Ein Bestseller
3.2 Positive Literaturkritik
3.3 Negative Literaturkritik

4 Verwendete Literatur

Aufgabe 16

Textbelege zu *San Salvador* von Peter Bichsel:

- Der Mann fühlt sich in seiner augenblicklichen Lebenssituation unwohl – „Mir ist es hier zu kalt“, dann „ich gehe nach Südamerika“ (...) (Z. 7 f.) – und will fort.
- Er malt sich die Reaktionen seiner Frau auf sein Fortgehen aus: „Sie läse seine Mitteilung, erschräke dabei, glaubte wohl das mit Südamerika nicht, würde dennoch die Hemden im Kasten zählen, etwas müsste ja geschehen sein.“ (Z. 36 ff.)
- „Palmen“ (Z. 55) – Dieses Wort ist ein Schlüsselwort in der Geschichte, weil es die Sehnsucht des Mannes ausdrückt.

Aufgabe 17

Quellenangaben:

- Briel, Dagmar von: Wolfgang Koeppens Essayistik. Gratwanderung zwischen konservativer Erzählhaltung und Unendlichkeit des sich selbst verlierenden Sprechens. In: Oehlenschläger, Eckart (Hrsg.): Wolfgang Koeppen. Frankfurt/M.: Suhrkamp, 1987, S. 109–121. (Suhrkamp Taschenbuch Materialien)
- Gesing, Fritz: Kreativ schreiben. Handwerk und Techniken des Erzählens. Köln: Dumont, 1994, S. 94.

Aufgabe 18

Literaturverzeichnis zu *Effi Briest* von Theodor Fontane:

Primärliteratur

Theodor Fontane: Effi Briest. Stuttgart: Reclam, 1987.

Sekundärliteratur

Becker, Thomas: Effi Briest. Interpretationen und unterrichtspraktische Hinweise. Hollfeld/Ofr.: Beyer, ^{3}1994.

Gall, Dieter: Deutsch-Training Interpretationshilfen 1. Freising: Stark, 1997.

Geist, Alexander: Theodor Fontane, Effi Briest. München: Mentor, ^{3}1999.

Grawe, Christian: Effi Briest. Frankfurt/M.: Diesterweg, 1985.

Grawe, Christian (Hrsg.): Fontanes Novellen und Romane. Stuttgart: Reclam, 1991. (darin ein Kapitel zu *Effi Briest*)

Hamann, Elsbeth: Theodor Fontane, Effi Briest. München: Oldenbourg, 1990.

Müller-Seidel, Walter: Theodor Fontane. Soziale Romankunst in Deutschland. Stuttgart, 1980.

Pelster, Theodor: Theodor Fontane. Stuttgart: Reclam, 1997. (Ein Kapitel zu Romanen, darunter *Effi Briest*)

Reisner, Hanns-Peter; Siegle, Rainer: Lektürehilfen Theodor Fontane, Effi Briest. Stuttgart: Klett, 71999.

Aufgabe 19

Lösungsvorschlag nicht möglich.

Aufgabe 20

Die Ratschläge für einen *guten* Redner lauten:

- schnell zum Thema der Rede gelangen
- frei sprechen
- verständlich sprechen (also nicht so, wie man schreibt), d.h. beispielsweise überschaubare Sätze bilden
- keine unnötigen „Ausflüge“ in die Geschichte des Redethemas machen
- auf Reaktion des Publikums achten
- Wichtiges in Hauptsätzen ausdrücken
- keine langen Zahlen/Statistiken einbauen
- nicht zu früh den Schluss der Rede ankündigen
- keine Gliederung der Rede vorlesen
- Redezeit möglichst kurz halten

Aufgabe 21

Rollenkarte für die leibliche Mutter:

Ich möchte das Kind zurückhaben, weil
- es mein eigen Fleisch und Blut ist;
- ich als leibliche Mutter das Sorgerecht für mein Kind habe;
- ich als hochstehende Witwe des Gouverneurs dem Kind einen besseren Platz in der Gesellschaft bieten kann;
- ich, nachdem ich meinen Mann bereits verloren habe, zumindest das Kind haben möchte;
- das Kind eine Erinnerung an meinen getöteten Gatten darstellt.

Für die Aufgaben aus dem **Kapitel „Kreatives und produktionsorientiertes Schreiben“** (S. 95 ff.) finden Sie hier keine Lösungen, da sie individuell sehr unterschiedlich ausfallen können. Es folgen die Originalfassungen der Texte aus Unterkapitel 4 („Arbeit an manipulierten Texten“, S. 103 ff.).

Elisabeth Langgässer: Saisonbeginn (siehe S. 104 f.)

[...] Als die Männer den Kreuzigungsort verließen und ihr Handwerkszeug wieder zusammenpackten, blickten alle drei noch einmal befriedigt zu dem Schild mit der Inschrift auf. Sie lautete: „In diesem Kurort sind Juden unerwünscht.“

Ulla Hahn: Bildlich gesprochen (siehe S. 106)

Wär ich ein Baum ich wüchse
dir in die hohle Hand
und wärst du das Meer ich baute
dir weiße Burgen aus Sand.

Wärst du eine Blume ich grübe
dich mit allen Wurzeln aus
und wär ich ein Feuer ich legte
in sanfte Asche dein Haus.

Wär ich eine Nixe ich saugte
dich auf den Grund hinab
und wärst du ein Stern
ich knallte dich vom Himmel ab.

Aus: U. Hahn: Herz über Kopf. Gedichte.

Jakob van Hoddis: Weltende (siehe S. 107)

Dem Bürger fliegt vom spitzen Kopf der Hut,
In allen Lüften hallt es wie Geschrei,
Dachdecker stürzen ab und gehn entzwei
Und an den Küsten – liest man – steigt die Flut.

Der Sturm ist da, die wilden Meere hupfen
An Land, um dicke Dämme zu zerdrücken.
Die meisten Menschen haben einen Schnupfen.
Die Eisenbahnen fallen von den Brücken.

Jakob van Hoddis, Dichtungen und Briefe. Hg. v. Regina Nörtemann

Literaturverzeichnis

Babiak, Ulrich: Effektive Suche im Internet. Suchstrategien, Methoden, Quellen. Köln: OReilly, 1998.

Bangen, Georg: Die schriftliche Form germanistischer Hausarbeiten. Stuttgart: Metzler, 1990.

Buzan, Tony: Kopftraining. Anleitung zum kreativen Denken, Tests und Übungen. München: Goldmann, 1984.

Dittrich, Helmut: Besser lesen, verstehen, behalten! München: Humboldt, 2 1994.

Gigl, Claus J.: Deutsche Literaturgeschichte (Abitur-Wissen Deutsch). Freising: Stark, 1999.

Grund, Uwe; Heinen, Armin: Wie benutze ich eine Bibliothek? Basiswissen – Strategien – Hilfsmittel. München: UTB, 1996.

Günther, Andrea: Studium Germanistik. Alles Wissenswerte zum Studium, Aktuelles zum Arbeitsmarkt. Köln: Dreisam, 1992.

Hackenbroch-Krafft, Ida; Parey, Evelore: Training Umgang mit Texten. Fachtexte erschließen, verstehen, auswerten. Stuttgart, Dresden: Klett, 2 1998.

Horst, Uwe; Ohly, Karl Peter (Hg.): Lernbox. Lernmethoden – Arbeitstechniken. Seelze/Velber: Friedrich, 2000.

Jasper, Dirk: Die Welt des Buches im Internet. Bibliotheken, Kataloge, Anbieter. Düsseldorf, München: Econ, 1998.

Kroll, Sibylle: Richtig lernen. Tipps und Lernstrategien für die Oberstufe. Freising: Stark, 1999.

Meyer-Krentler, Eckhardt: Arbeitstechniken Literaturwissenschaft. München: Fink, 1993. (UTB 1582)

Schardt, Friedel: Textinterpretation Lyrik – Drama – Epik (Abitur-Wissen Deutsch). Freising: Stark, 2000.

Schardt, Friedel; Schardt, Bettina: Referate und Facharbeiten. Effektive Arbeitstechniken für die Oberstufe. Freising: Stark, 1999.

Scheele, Paul R.: Photo reading. Die neue Hochgeschwindigkeitslesemethode in der Praxis. Paderborn: Junfermann, [3]1997.

Vester, Frederic: Denken, Lernen, Vergessen. München: dtv, 1975.

Vopel, Klaus W.: Schreibwerkstatt. Eine Anleitung zum kreativen Schreiben für Lehrer, Schüler und Autoren. 2 Bände. Salzhausen: iskopress, 1998.

Winkler, Werner: Prüfungswissen Oberstufe (Abitur-Wissen Deutsch). Freising: Stark, 1999.

Ihre Meinung ist uns wichtig!

Ihre Anregungen sind uns immer willkommen.
Bitte informieren Sie uns mit diesem Schein über Ihre Verbesserungsvorschläge!

Titel-Nr.		

Die echten Hilfen zum Lernen …

STARK

Bitte hier abtrennen

12-V1T

Bitte ausfüllen und im frankierten Umschlag an uns einsenden. Für Fensterkuverts geeignet.

Zutreffendes bitte ankreuzen!

Die Absenderin/der Absender ist:

- ☐ Lehrer/in
- ☐ Fachbetreuer/in
  Fächer: ______
- ☐ Seminarlehrer/in
  Fächer: ______
- ☐ Regierungsfachberater/in
  Fächer: ______
- ☐ Oberstufenbetreuer/in
- ☐ Schulleiter/in
- ☐ Referendar/in, Termin 2. Staatsexamen: ______
- ☐ Leiter/in Lehrerbibliothek
- ☐ Leiter/in Schülerbibliothek
- ☐ Sekretariat
- ☐ Eltern
- ☐ Schüler/in, Klasse: ______
- ☐ Sonstiges: ______

Unterrichtsfächer: (Bei Lehrkräften!)

STARK Verlag
Postfach 1852
85318 Freising

Kennen Sie Ihre Kundennummer? Bitte hier eintragen.

Absender (Bitte in Druckbuchstaben!)

Name/Vorname

Straße/Nr.

PLZ/Ort

Telefon privat für Rückfragen

Geburtsjahr

E-Mail-Adresse

Schule/Schulstempel (Bitte immer angeben!)

Bitte hier abtrennen

(Bitte blättern Sie um)

Deutsch

Methoden-Training Deutsch – Grundlagen, Arbeitstechniken und Methoden .... Best.-Nr. 944062
Deutsch 11. Klasse .... Best.-Nr. 90405
Aufsatz Oberstufe .... Best.-Nr. 84401
Abitur-Wissen Erörtern und Sachtexte analysieren .... Best.-Nr. 944064
Abitur-Wissen Textinterpretation Lyrik, Drama, Epik .... Best.-Nr. 944061
Abitur-Wissen Deutsche Literaturgeschichte .... Best.-Nr. 94405
Abitur-Wissen Prüfungswissen Oberstufe .... Best.-Nr. 94400
Lexikon Autoren und Werke .... Best.-Nr. 944081

Französisch

Landeskunde Frankreich .... Best.-Nr. 94501
Wortschatz .... Best.-Nr. 94503
Literatur .... Best.-Nr. 94502
Textarbeit Oberstufe .... Best.-Nr. 94504
Abitur-Wissen Literaturgeschichte .... Best.-Nr. 94506

Latein

Kurzgrammatik .... Best.-Nr. 94601
Wortkunde .... Best.-Nr. 94603
Abitur-Wissen Lateinische Literaturgeschichte .... Best.-Nr. 94602

Englisch

Englisch – Übersetzungsübung .... Best.-Nr. 82454
Englisch – Grammatikübung Oberstufe .... Best.-Nr. 82452
Englisch – Wortschatzübung Oberstufe .... Best.-Nr. 82451
Englisch – Grundfertigkeiten des Schreibens .... Best.-Nr. 94466
Englisch – Sprechfertigkeit mit CD .... Best.-Nr. 94467
Englisch – Textaufgaben zur Literatur .... Best.-Nr. 94462
Englisch – Grundlagen der Textarbeit .... Best.-Nr. 94464
Englisch – Übertritt in die Oberstufe .... Best.-Nr. 82453
Abitur-Wissen Literaturgeschichte .... Best.-Nr. 94465
Abitur-Wissen Landeskunde Großbritannien .... Best.-Nr. 94461
Abitur-Wissen Landeskunde USA .... Best.-Nr. 94463
Lexikon Englisch .... Best.-Nr. 944601

Religion

Katholische Religion 1 – gk .... Best.-Nr. 84991
Katholische Religion 2 – gk .... Best.-Nr. 84992
Abitur-Wissen gk ev. Religion Der Mensch zwischen Gott und Welt .... Best.-Nr. 94973
Abitur-Wissen gk ev. Religion Die Verantwortung des Christen in der Welt .... Best.-Nr. 94974
Abitur-Wissen Glaube und Naturwissenschaft .... Best.-Nr. 94977
Abitur-Wissen Jesus Christus .... Best.-Nr. 94978
Abitur-Wissen Die Frage nach dem Menschen .... Best.-Nr. 94990
Abitur-Wissen Die Bibel .... Best.-Nr. 94992
Abitur-Wissen Christliche Ethik .... Best.-Nr. 94993
Lexikon Ethik und Religion .... Best.-Nr. 94959

Ethik

Ethische Positionen in historischer Entwicklung – gk .... Best.-Nr. 94951
Abitur-Wissen Philosophische Ethik .... Best.-Nr. 94952
Abitur-Wissen Glück und Sinnerfüllung .... Best.-Nr. 94953
Abitur-Wissen Freiheit und Determination .... Best.-Nr. 94954
Abitur-Wissen Recht und Gerechtigkeit .... Best.-Nr. 94955
Abitur-Wissen Religion u. Weltanschauungen .... Best.-Nr. 94956
Abitur-Wissen Wissenschaft – Technik – Verantwortung .... Best.-Nr. 94957
Abitur-Wissen Politische Ethik .... Best.-Nr. 94958
Lexikon Ethik und Religion .... Best.-Nr. 94959

Kunst

Grundwissen Malerei – LK .... Best.-Nr. 94961
Analyse und Interpretation – LK .... Best.-Nr. 94962

Sport

Bewegungslehre – LK .... Best.-Nr. 94981
Trainingslehre – LK .... Best.-Nr. 94982

Fächerübergreifend

Richtig Lernen Tipps und Lernstrategien für die Oberstufe .... Best.-Nr. 10483
Referate und Facharbeiten für die Oberstufe .... Best.-Nr. 10484
Methoden-Training Meinungen äußern, Ergebnisse präsentieren .... Best.-Nr. 10486

Natürlich führen wir noch mehr Buchtitel für alle Schularten. Wir informieren Sie gerne!

Telefon: 0 81 61/17 90
Telefax: 0 81 61/179-51
Internet: www.stark-verlag.de
E-Mail: info@stark-verlag.de

Bestellungen bitte direkt an:
STARK Verlagsgesellschaft mbH & Co. KG · Postfach 1852 · 85318 Freising

STARK